# Momente des Glücks

In einer Talkrunde stellte die Moderatorin Bettina Böttinger die Frage: „Was sind Momente des Glücks?" Ich wurde diesen Gedanken nicht mehr los und habe ihn bis in meine Träume hinein bewegt. Es wurde für mich eine interessante, schöne Nacht, und ich erinnerte mich an viele glückliche Momente. Ganz warm wurde es mir ums Herz. Diese Erfahrung wollte ich nicht nur für mich behalten, und ich fing an, wunderbare Erinnerungen des Glücks aufzuschreiben.

W0193807

# Schwimmflügel

Endlich fuhren wir nicht mehr mit unseren Pferdewagen auf den Straßen hin und her, sondern hatten eine Bleibe gefunden. Nach über einem halben Jahr – wir waren am 19. Januar 1945 in Polen von zu Hause aufgebrochen – war unsere Irrfahrt in Breitenbach bei Bebra zu Ende. Der Gutsbesitzer Ritter hatte uns seine Türen geöffnet und auch für unsere Pferde im Stall Platz geschaffen. Mischels war ein wunderschönes Gehöft, direkt an der Fulda gelegen. Im Juli, also im ersten Sommer nach Kriegsende, saß ich dort am Ufer und schaute den Kindern zu, wie sie sich im Wasser tummelten. Mit ihren Schwimmflügeln an den Armen schwammen sie fröhlich hin und her. Sehnsüchtig betrachtete ich ihre Kunststücke und wäre am liebsten mit von der Partie gewesen. Aber wir waren ja noch fremd hier im Hessenland, und Schwimmflügel besaß ich arm gewordenes Flüchtlingskind auch nicht. Ich fühlte mich von diesem fröhlichen Treiben in eine wehmütige Stimmung versetzt.

Plötzlich stand meine Mutter neben mir.

# Inhaltsverzeichnis

Sie musste mich wohl schon eine Weile beobachtet haben, wie ich so ganz allein im Gras saß. „Na Lottchen, du würdest sicher auch gern schwimmen wie die anderen Buben und Mädchen. Ich glaube, ich kann dir sogar helfen." Nach etwa einer Stunde war Mutter wieder bei mir. In der Hand hielt sie ein buntes Höschen, das ich als Badehöschen anziehen konnte, und ein Paar Schwimmflügel. In diesem Augenblick war ich wohl das glücklichste Kind der Welt. Meine Mutter hatte mir aus zwei Mehlsäckchen, mit denen man damals zum Kaufmann ging, wenn man Lebensmittel brauchte, Schwimmflügel genäht. Ich schlüpfte in mein provisorisches Badehöschen und streifte mir die Schwimmflügel über meine dünnen Ärmchen. Im Wasser plusterten sie sich auf und, o Wunder, sie trugen mich in den Fluten. Ich konnte wie die anderen Kinder in der Fulda schwimmen. Noch heute nach 62 Jahren denke ich an diesen Augenblick, da ich nicht mehr ausgegrenzt am Ufer sitzen musste, sondern mit den anderen Kindern des Dorfes fröhlich im Wasser planschen und schwimmen konnte. „Mutter, du bist mir das Liebste in der Welt. Du hast meine Sehnsüchte und Wünsche erkannt und hast mir geholfen, auch wenn du dafür zwei Einkaufssäckchen opfern musstest. Danke, Mutter, vielen Dank! Deine Liebe vergesse ich nicht."

# Riesengroße Bucheckern

In Scharen zogen wir Kinder im Herbst in den Wald hinaus, um Bucheckern zu sammeln. Die Jahre nach dem verlorenen Zweiten Weltkrieg waren sehr entbehrungsreich. Es gab nicht genügend Lebensmittel zu kaufen. Fett, Fleisch, Brot, Zucker, Teigwaren, Eier waren rationiert und nur mit Lebensmittelkarten erhältlich. So machten sich viele Menschen auf den Weg in den Wald, um Bucheckern zu sammeln, die dann gegen Öl eingetauscht werden konnten. Jeder war darauf erpicht, die Stellen im Wald zu finden, wo man besonders große Bucheckern auflesen konnte. Einmal hatte ich einen außergewöhnlich guten Baum entdeckt. Darüber empfand ich ein tiefes Glücksgefühl. Ich verhielt mich ganz still, um ja nicht andere Kinder anzulocken, die mir die wunderbaren Früchte hätten streitig machen können. Wie froh und dankbar war ich am Abend, dass ich mit einem vollen Rucksack nach Hause gehen konnte. Meine Eltern freuten sich und lobten meinen Eifer.

# Endlich in der Freiheit!

Es hat uns sehr bekümmert, dass wir nun schon über acht Monate keine Nachricht von meinem Vetter Erich hatten. Er war gerade 17 Jahre alt geworden, als man ihn von der Schulbank weg zum Militär holte. Die Verluste in der Armee waren im Zweiten Weltkrieg enorm, und so mussten schon die ganz jungen Kerle an die Front, um die Lücken zu füllen. Schrecklich war es für Tante Anna und Onkel Rudolf, dass sie überhaupt nicht wussten, wo ihr Sohn verblieben war. Lebte er noch? War er in russische Gefangenschaft geraten oder womöglich „für Führer, Volk und Vaterland" gefallen? Und wenn Erich noch lebte, wie sollte er seine Angehörigen finden, die ja ihr Gut verlassen und vor den russischen Panzern fliehen mussten? Tante Anna hatte noch kurz vor der Abfahrt von zu Hause einen Schinken aus der Räucherkammer geholt und ihn auf den offenen Kastenwagen geworfen. Gerne hätten wir ein Stück dieses köstlichen Rauchfleisches gegessen. Aber der Schinken durfte nicht angeschnitten werden. Er wurde für Erich aufgehoben. Sollte er mager und ausgehungert aus der Gefangenschaft heimkommen, dann brauchte er gute Nahrung, damit er wieder Fleisch auf die Rippen bekam. Auch sonst hatte Tante Anna einiges an Lebensmitteln für Erich in einem Koffer versteckt gehalten: etwas Zucker, zwei Pfund Nudeln, eine Tüte Mehl und eine Packung Haferflocken. Der Satz wurde zu einer stehenden Redewendung: „Wartet, bis der Erich kommt!"

Der Schinken konnte nicht mehr länger aufbewahrt werden, und an manchen Tagen saßen wir am Abendbrottisch und ließen uns das Rauchfleisch schmecken. Dann aber kam ein Tag, ein einzigartiger Tag. Ich spielte mit meinen Murmeln auf dem Hof. Plötzlich ging das Fenster auf, und meine Mutter rief mir zu: „Lottchen, lauf schnell zu Tante Anna. Sie arbeitet bei Boleys auf dem Kartoffelfeld. Sag ihr, der Erich sei gekommen."

Ich rannte, so schnell mich meine Füße tragen konnten, fand den Acker, hüpfte über die Furchen und rief schon von Weitem meiner Tante zu: „Der Erich ist da!" Tante Anna blieb wie angewachsen stehen und rührte sich nicht vom Fleck. Noch zweimal rief ich es ihr noch lauter zu: „Der Erich ist da!" Erst als die anderen Frauen auf dem Feld zu ihr sagten: „Nun gehen Sie schon, Frau Hannemann, Ihr Sohn ist aus der Gefangenschaft nach Hause gekommen", schulterte sie ihre Hacke und kam mir entgegen. Tante Anna konnte diese Nachricht kaum fassen. Ich drückte sie an mich, küsste sie und sagte nur immer wieder: „Der Erich ist da!"

Für mich war es ein herrlicher Augenblick, dass gerade ich diese Glücksbotschaft ausrichten durfte. Gott hatte unsere Gebete erhört. Gewiss, der Schinken war nun von anderen Mündern gegessen, aber es war erstaunlich, wie viele Dorfbewohner sich mit uns freuten. Wieder war einer aus der Gefangenschaft nach Hause gekommen. Die Bauersleute kamen nicht mit leeren Händen in unsere Stube. Auf dem Tisch lagen Eier, Wurst, eine Kanne Milch und Butter. Natürlich auch ein Laib selbst gebackenen Brotes.

# „Ein hübsches kleines Mädelchen
## ist geboren"

Zu meinen schönsten Glückserfahrungen zählte die Geburt meines ersten Kindes. Gewiss, so schmerzhaft hatte ich mir die Entbindung nicht vorgestellt. Als mein Mann dann im Kreißsaal an mein Bett trat, stöhnte ich noch immer: „Karl Heinz, es war ja schrecklich. Nie wieder werde ich ein Kind bekommen." Dann aber wurden uns nach unserer Tochter noch vier Söhne geboren.

Nachdem ich mich von den Strapazen etwas erholt hatte, wurde mir Anne-Ruth in den Arm gelegt. Ein hübsches, kleines Töchterchen war uns geschenkt mit großen Augen wie Perlen und dunklen lockigen Haaren. Das Wunder, ein gesundes Kind in den Armen zu halten, ist kaum zu begreifen. „Kinder sind eine Gabe Gottes, und Leibesfrucht ist ein Geschenk." So sagt es uns die Bibel in Psalm 127,3. Heute ist Anne-Ruth glücklich verheiratet und selbst Mutter von vier Kindern.

Aber an dieser Stelle will ich all der Kinder gedenken, die schwerbehindert das Licht der

Welt erblickt haben. Die Angst breitete sich in den sechziger Jahren aus, und viele Ehepaare erwarteten mit große Sorge den Tag der Geburt. In Arolsen wurde unser zweites Kind geboren. Neben Gottfried lag ein kleiner Junge im Bettchen, dem die Ohren und einige Gliedmaßen verkrüppelt waren. Für seine Eltern – der Vater war selbst Arzt – war dies ein niederschmetterndes Ereignis. Im Krankenhaus herrschte Aufregung, denn es waren schon mehrere behinderte Kinder geboren worden. Kein Mensch wusste Rat. In der Bevölkerung mehrten sich die Stimmen, die nach Aufklärung riefen, was denn die Ursache für diese Missbildungen sein könnte. Nachforschungen setzten ein, und die Mütter der behinderten Kinder wurden befragt, welche Medikamente sie während der Schwangerschaft eingenommen hätten. Es stellte sich sehr bald heraus, dass allen betroffenen Müttern Contergan verabreicht worden war. Den Menschen wurde erzählt, es sei ein harmloses Schlaf- und Beruhigungsmittel. Aber im Grunde war es ein nervenschädigendes Medikament. Vor fünfzig Jahren war es in den Handel gebracht worden. Es galt als Wundermittel. Von seinen katastrophalen Nebenwirkungen ahnte man zunächst noch nichts; aber nach und nach kamen Bedenken auf. Trotz der warnenden Hinweise hat die Firma Grünenthal dieses Mittel noch vier Jahre lang produziert und in den Handel gebracht. Der Gewinn war riesengroß. Für die Mütter und Väter aber war es ein Schock, wenn sie ihr Baby nach der Geburt so verunstaltet vor sich liegen sahen. Mir klingt noch der Ruf einer Mutter in den Ohren, die verzweifelt aufschrie: „Mein Gott, mein Kind hat ja keine Arme und nur ein Bein!" Als schließlich erwiesen war, dass Contergan der Urheber dieser zahlreichen Missbildungen war, wollte die Pharmafirma ihre Schuld nicht anerkennen. Contergan sei ein atoxischer Stoff und aus diesem Grunde ungefährlich. Mehrere Tausend Kinder wurden mit Behinderungen geboren. Auch das Töchterchen meiner Freundin kam mit einem verkürzten Arm auf die Welt. Die betroffenen Eltern taten sich zusammen und strebten ein Gerichtsverfahren an, aber dieses führte nur zu einem Vergleich. Keiner der schwer Geschädigten konnte verstehen, dass die Firmeninhaber nur von einer geringen Mitschuld sprachen. In einem Interview sagte ein Betroffener: „Mir bleibt das

Gerede von geringer Schuld im Halse stecken."

Wer in dieser Zeit ein gesundes Kind zur Welt gebracht hat, kann nur von einem Wunder reden. Jeder hätte wegen Schlafstörungen und Unpässlichkeit das Contergan schlucken können. Nun sind fünfzig Jahre ins Land gegangen, und ich kann Gott nur für meine fünf gesunden Kinder danken.

# Ein großer Verkaufsauftrag

Wer seine Anliegen vor Gott bringt, darf auch darauf hoffen, dass er unsere Gebete erhört. So erlebe ich manches Wunder, und meine Tage werden froh und glücklich. Am Morgen in meiner stillen Stunde über der Bibel muss ich mir schon viel Zeit nehmen, bis ich die Namen meiner Kinder, Schwiegerkinder und Enkel vor Gott gebracht habe. Vielfältig sind ihre Anliegen.

Heute habe ich erlebt, wie der Herr in besonderer Weise geholfen hat. Unsere Tochter arbeitet in einem christlichen Verlag, in dem auch meine Bücher erscheinen. Sie trägt die Verantwortung dafür, dass gute Literatur, in deren Mittelpunkt Jesus steht, auf den Markt kommt. So begleite ich die Aufgaben von Anne-Ruth täglich mit meinen Gebeten. Wie wichtig ist es, dass sie interessante, lehrreiche Bücher in den Handel bringt. Dieses Schriftgut soll dazu beitragen, dass Gottes Reich gebaut wird. In ihrem Beruf als Verlegerin ist besonders viel Engagement und Weisheit nötig. Auch der Umgang mit ihren Mitarbeitern liegt mir am Herzen. Alle müssen an einem Strang ziehen, wenn die Arbeit gelingen soll. So bringe ich gerade in Bezug auf den Verlag viele Anliegen vor Gott. Wie sehr freut es mich, wenn ich dann ab und an auch erfahre, wie wunderbar dieser Auftrag vorangebracht wird. Heute erlebte ich solch einen Glücksmoment. „Stell dir vor, Mutti", erzählt mir meine Tochter mit freudestrahlendem Gesicht, „heute haben wir einen besonders großen Auftrag hereinbekommen. Der Geschäftsführer einer Versandbuchhandlung hat eintausendfünfhundert Exemplare des Buches „Die fünf Sprachen der Liebe" bestellt." Da ist es doch nicht verwunderlich, dass ich vor Glück strahle. Die Zahl eintausendfünfhundert geht mir den ganzen Tag nicht aus dem Sinn.

Ähnlich war es vor ein paar Jahren während der Veranstaltungsreihe „Pro Christ". In einer Ansprache erwähnte der Redner Ulrich Parzany, wie sehr ihm gerade das Buch „Die fünf Sprachen der Liebe" in seiner Ehe geholfen hätte. Konflikte waren in der Familie aufgetaucht, und da hatte dieses Buch von Chapman eine heilende Wirkung ausgeübt. Er hatte es gerade gelesen und sich seine Ratschläge zu eigen gemacht.

Nun wurde ja „Pro Christ" im deutschsprachigen Raum an viele Orte übertragen. Millionen von Menschen verfolgten jeden Abend die Verkündigung des Evangeliums. Schon am nächsten Tag trafen die Bestellungen in großer Anzahl beim Verlag ein. Meine Tochter konnte sich gar nicht erklären, wie dieses plötzliche starke Verlangen nach diesem Buch zustande gekommen war; denn es war ja schon mehrere Jahre auf dem Markt und hatte schon einige Neuauflagen erlebt. Im Verlag mussten nicht nur alle Mitarbeiter tüchtig zupacken, um die Kunden zu befriedigen, sondern Anne-Ruth forderte auch noch einige freiwillige Helfer für den Versand. Sie erzählte mir: „Mutti, welch ein Glück, dass ich vorher noch siebzehntausend Bücher neu habe drucken lassen. Meine Angst, ob ich denn auch alle diese Bücher verkaufen könnte, war durch Pastor Parzanys ungewollte Werbung zerstreut worden. Ich kann Gott nur loben und danken für diesen ungeheuer großen Segen."

# Fröhliche Enkel

Heute herrscht in unserem Haus Highlife. Sechs Enkel sind zu Besuch, und ich kann nur staunen, wie viel Energie sie besitzen. Der Jüngste ist gerade zwei Jahre alt geworden, und ich empfinde den Umgang mit ihm als recht anstrengend. Immer neue Ideen muss ich haben. So verstecke ich mich hinter der Badezimmertür, krieche unter den Tisch, spiele Pferdchen hopp oder lasse ihn auf meinem Schoß hüpfen. Manchmal frage ich mich, wie ich es früher geschafft habe, meine fünf Kinder großzuziehen. Vier wurden direkt nacheinander geboren. Gewiss, von der Tagesschau am Abend habe ich nicht einmal ein Drittel mitbekommen, weil mir die Augen zugefallen waren. Und doch darf ich heute sagen, dass ich die Erziehung unseres Nachwuchses gut gemeistert habe. Jetzt bin ich schon zufrieden, wenn ich diesen einen Besuchstag mit so viel quirligem Treiben heil überlebe.

Aber ein Bild hat sich mir besonders eingeprägt. Es macht mich zutiefst glücklich. In einer großen Runde sitzen die Enkel zu Tisch, ruhig und ordentlich. Es ist ein wunderschöner Anblick. Jeder ist bemüht, sich sein Brot selbst zu schmieren und sich ein Glas mit Saft zu nehmen. Der Hunger scheint nach dem fröhlichen, ausgelassenen Treiben groß zu sein. Die Jungen schließen sogar Wetten ab, wer denn die meisten Schnitten essen kann.

Für mich sind dies Augenblicke des Glücks. Ich danke meinem Gott für die 13 gesunden Enkelkinder, von denen ich heute sechs in meiner Nähe haben konnte. Der Jüngste – Emanuel – ist besonders lustig und ausgelassen. Er liebt vor allen Dingen Opa Karl. Als sich die junge Familie abends wieder ins Auto setzt und heimfahren will, ruft uns der Zweijährige zu und winkt dabei kräftig mit seinen Patschehändchen: „Tschüss, Opa Karl! Tschüss, Oma Lotta!"

Kinder sind wirklich eine wunderbare Gabe unseres Schöpfers. *„Wie die Pfeile in der Hand eines Starken, also geraten die jungen Knaben. Wohl dem, der seinen Köcher davon voll hat!"* So steht es in Psalm 127,4-5. Jungen Ehepaaren rate ich mit einem winkenden Blick: „Lassen Sie sich die kleine Schar nicht ausgehen."

# Die guten Kartoffeln

Unsere Enkel sind wieder zu Besuch. Die Kleinen sind voller Leben und toben durch die Wohnung. Mein Mann würde sich gerne mit unserem Sohn über seine Doktorarbeit unterhalten, aber bei diesem fröhlichen, lauten Treiben ist dies kaum möglich. Also mache ich der Kinderschar einen tollen Vorschlag: „Habt ihr Lust, mit mir in den Garten zu gehen und nach Schätzen zu suchen?" Mit großem Hallo wird meine Idee aufgenommen. So statte ich mich mit einer Gabel und mehreren Eimern aus. Wir gehen zum Kartoffelland, und ich lockere einen Kartoffelstock nach dem anderen vorsichtig in der Erde. Dann treibe ich unsere sechs Enkel dazu an, die herrlichen Kartoffeln im Acker zu suchen und damit die Eimer zu füllen. Es ist erstaunlich, mit welchem Eifer sich die Kleinen an die Arbeit machen. Immer wieder höre ich, wie sie laut rufen: „Hier habe ich eine ganz dicke Kartoffel gefunden." Am nächsten Stock freut sich Nils, dass er gleich zehn Kartoffeln aus der Erde herausbefördert hat. Die Begeisterung der Kinder kennt keine

Grenzen. „Oma, du bist aber sehr reich, wenn wir so viele Schätze aus der Erde buddeln." Ich kann nur beipflichten: „Ihr habt recht, meine Lieblinge, Kartoffeln sind wirklich eine wunderbare Gabe. Sie sind sehr gesund und nahrhaft dazu. Wer Kartoffeln isst, wird stark und bekommt kräftige Beine. Damit lässt es sich dann gut Fußball spielen. Eine Schüssel voll werde ich jetzt gleich in die Küche mitnehmen und Pommes frites braten. Mögt ihr Pommes frites?" Alle schreien wie aus einem Munde: „Aber ja, Oma!"

Diese beiden Stunden im Garten mit den Kleinen schaffen in mir ein herrliches Glücksgefühl. Die Kinder sind vollauf beschäftigt und fröhlich in ihrem Tun, und drinnen können sich Vater und Sohn in aller Ruhe über die „Kirchentage während der Weimarer Republik" – das ist das Thema der Doktorarbeit – austauschen.

Einige Tage später erzählt mir unser Sohn am Telefon, wie dankbar er sei, dass ich die Kinder am Vormittag so sinnvoll beschäftigt hätte. Cornelius sei bisher immer ein schlechter Esser gewesen. Kartoffeln und Gemüse habe er nicht gemocht, sondern sich nur an Nudeln und Reisgerichten satt gegessen. Seit er aber die herrlichen Schätze in der Erde entdeckt hätte, sei eine Wandlung geschehen. Er greife tüchtig zu, wenn Kartoffeln auf dem Mittagstisch stünden. Ja, er versuchte sogar, seinen Vater zu überreden, dass er im Frühjahr selbst ein Gartenbeet anlegen und Kartoffeln pflanzen dürfte. Das geschah dann auch. Seine Arbeit war sehr fruchtbar, und zu Großvaters Geburtstag im August gratulierte Cornelius seinem Opa und überreichte ihm ein Körbchen mit großen, selbst geernteten Kartoffeln.

Während ich diese Zeilen niederschreibe, werde ich an „Das Kartoffellied" von Matthias Claudius erinnert:

*„Pasteten hin, Pasteten her,*
*was kümmern uns Pasteten?*
*Die Kumme hier ist auch nicht leer*
*und schmeckt so gut als bonne chere*
*von Fröschen und von Kröten.*

*Und viel Pastet und Leckerbrot*
*verdirbt nur Blut und Magen,*
*die Köche kochen lauter Not,*
*sie kochen uns viel eher tot;*
*ihr Herren, lasst euch sagen!*

*Schön rötlich die Kartoffeln sind*
*und weiß wie Alabaster!*
*Sie däu'n sich lieblich und geschwind*
*und sind für Mann und Frau und Kind*
*ein rechtes Magenpflaster.*"

# Abitur im Leistungskurs

Mareike, unsere Enkeltochter, schreibt ihre Abiturarbeiten. Wenn sie auch keine Angst haben muss, die Prüfung nicht zu bestehen, so ist ihr doch die Aufregung anzusehen. In Englisch, Mathematik und Politik muss sie ein schriftliches Examen ablegen. Wochen später erfährt sie dann die Resultate. Ganz beglückt erzählt sie mir: „Oma, während meiner ganzen Schulzeit habe ich in Mathematik nie eine Eins geschrieben, aber gerade in der Abiturarbeit habe ich alle Aufgaben richtig lösen können und 15 Punkte erhalten. Dreifach wird diese Punktzahl im Zeugnis gezählt, weil es mein Leistungskurs ist. Ich bin happy, total happy. Dadurch werde ich einen sehr guten Notendurchschnitt erhalten, und im Studium stehen mir alle Türen offen."

Das war auch für mich ein wunderbarer Glücksmoment, und ich dankte Gott für die Erhörung meiner Gebete.

Ich im Gegensatz zu Mareike wäre froh gewesen, wenn ich im Abiturzeugnis eine Vier erhalten hätte. Glücklicherweise habe ich sehr gute Resultate in Sprachen erzielt.

# Prüfung in Pädagogik

„Ob ich meine Pädagogikprüfung schaffe, das weiß ich nicht", stöhnte unsere Tochter. Sie hatte zuvor ihre Examina in Mathematik und Englisch bestanden, und nun reichte ihr nicht mehr die Zeit, um sich intensiv auf ihre letzte Staatsprüfung vorzubereiten. Wir machten ihr Mut und versprachen, sie mit unseren Gebeten zu begleiten. Gott kann doch auch Wunder tun. Mein Mann gab ihr dann noch am Morgen ein Buch in die Hand, das in Kurzform eine Zusammenfassung von bedeutenden Pädagogen enthielt. Er ermutigte sie: „Lies dir diese kurzen Abhandlungen noch durch. Die Prüfung ist doch erst am Spätnachmittag. Du kannst dir damit einen guten Überblick verschaffen."

So zog sich Anne-Ruth in ihr Zimmer zurück. Ich versorgte sie mit einem bekömmlichen Mittagessen und brachte ihr noch Kaffee, Kuchen und Obst. In der Familie bangten wir mit ihr, als sie sich dann auf den Weg machte, und beteten für sie. Gegen Abend kam unsere Tochter fröhlich nach Hause.

Schon von Weitem winkte sie uns zu: „Ich hab's geschafft! Ich hab's geschafft!"

Und dann erzählte sie uns, wie wunderbar das Examen verlaufen sei. Besser hätte es gar nicht gehen können. Genau das hatte der Professor von ihr wissen wollen, was sie sich am Morgen aus dieser kurzen Abhandlung eingeprägt hatte. Er lobte sie sogar dafür, dass sie über ein umfangreiches Wissen verfüge und dies auch knapp, aber klar darstellen könne.

So ist Gott, musste ich denken. Wieder hatte eins unserer Kinder mit seiner Hilfe ein wichtiges Examen geschafft.

# Die verlorene Monatskarte

Weinend kommt unsere Tochter zu mir in die Küche. „Mutti, ich habe heute meine Monatskarte verloren. Ich bin total unglücklich. Was soll ich bloß tun?" Ich versuche Anne-Ruth zu trösten und reiche ihr ein Taschentuch, damit sie sich ihre Tränen abwischen kann. Da ist guter Rat teuer. Gemeinsam durchsuchen wir die Schultasche. Vielleicht ist die Buskarte in die Seiten eines Heftes gerutscht. Aber alles ist vergeblich. „Mutti, ich habe schon beim Hausmeister in der Schule nachgefragt, ob die Fahrkarte vielleicht bei ihm abgegeben wurde. Er hat aber nur mit dem Kopf geschüttelt. Ich weiß noch nicht einmal, wo ich sie verloren haben könnte. Auch mein Beten hatte keinen Erfolg, und im Fundbüro ist sie auch nicht gelandet." Ich kann nur antworten: „Das war das Beste, das du tun konntest, und ich werde dich im Suchen und Beten unterstützen."

Drei Stunden später ruft Frau Büttner aus unserem Ortsteil an: „Sind Sie Frau Bormuth? Ich habe auf der Heimfahrt im Bus eine Monatsfahrkarte gefunden. Sie ist auf den

Namen Anne-Ruth Bormuth ausgestellt. Zwischen den Polstern war sie eingeklemmt. Ich wohne in der Goethestraße 15. Sie können die Karte bis 20 Uhr bei mir abholen." Ich bin über den Anruf sehr bewegt und stottere gerade noch: „Ja, wir kommen sofort. Danke, danke, vielen Dank!"

„Die Fahrkarte ist gefunden", rufe ich Anne-Ruth zu."

„Ist das wahr, Mutti? Gott ist wirklich sehr freundlich zu mir, dass er sich sogar um meine verloren gegangene Buskarte kümmert."

Ja, solch einem Herrn können wir angehören. Welch ein Glück! Ich wäre sehr arm dran, wenn ich nicht in meinen kleinen und großen Nöten zu ihm kommen und ihm alles sagen dürfte. Gerade in den alltäglichen Erfahrungen brauche ich solch einen Gott, um mit meiner großen Familie fröhlich leben zu können.

# Daniels rotes Rädchen

Unser Nachbar klingelt an unserer Haustür. „Frau Bormuth, ich habe für Ihren Daniel ein Fahrrad hergerichtet. Der Junge tut mir leid. Er muss immer warten, bis ihn einer seiner Freunde fahren lässt. Nun soll er ein eigenes Fahrrad haben. Ich habe es vom Sperrmüll geholt und alle Mängel beseitigt. Es ist noch ganz stabil, jetzt fast besser als ein neues." Nach diesen Worten will Herr Böhler wieder gehen. „Warten Sie", halte ich ihn auf, „ich rufe den kleinen Kerl, und dann übergeben Sie ihm persönlich dieses wunderbare Gefährt. Sie sollen seine Freude miterleben." Auf der Treppe kommt mir der Sechsjährige schon entgegen. Er hat unser Gespräch gehört und ist wohl in diesem Augenblick der glücklichste kleine Kerl in unserem Wohngebiet. Er darf nun ein eigenes Fahrrad besitzen. Seine Augen strahlen.

Ich muss dabei an Martin Luthers Katechismus denken, wo er in der Erklärung zur vierten Bitte im Vaterunser „Unser täglich Brot gib uns heute" sagt, dass zum täglichen Brot auch gute Freunde und getreue Nachbarn gehören.

# Geschenke des Himmels

Ich besuche vier ältere Damen, mit denen ich mich eng verbunden weiß. Es sind die Geschwister König aus Niederjossa. Sie wohnen in einem großen Haus, das von einem gepflegten Garten umgeben ist. Nichts ist ihnen wichtiger, als Menschen ins Boot Jesu Christi zu ziehen. So öffnen sie ihre Türen weit und laden an jedem Dienstag die Frauen des Ortes in ihr Wohnzimmer ein. Auf dem Esstisch stehen Kaffee und selbst gebackener Streusel- oder Pflaumenkuchen. Sie singen mit ihren nicht mehr jugendlichen Stimmen zur Gitarre Erweckungslieder. Danach tauschen sich die Frauen über das Wort Gottes aus.

Aber die vier älteren Damen – sie sind noch recht rüstig – kümmern sich auch sonst um die Eingeladenen. Für einige kaufen sie ein oder bringen sie zum Arzt. „Unser Auto liebt Jesus", erzählten sie mir lachend. Ihnen liegt auch am Herzen, dass ihr Ort mit christlicher Literatur versorgt wird. Ja, sie fahren sogar in die Dörfer ringsum und bringen Neukirchner Kalender und Losungen in die Häuser. So wirken sie an Gottes Reich mit.

An einem Morgen hält das Postauto vor ihrer Tür. Ein stattliches Paket wird ausgeladen. Aber die Schwestern weigern sich, es anzunehmen: „Tragen Sie es nur wieder zurück in Ihren Wagen. Wir haben nichts bestellt." Also nimmt der Postbote den Karton wieder mit. Einige Tage später wird den Schwestern das Paket erneut angeliefert. Die ganze Sache kommt ihnen eigenartig vor, und deshalb telefonieren sie mit dem Chef der Firma, die als Absender angegeben ist. Der Besitzer antwortet ihnen, es habe alles seine Richtigkeit, und sie sollten das Paket ruhig in Empfang nehmen. Es sei schon alles bezahlt. Natürlich ist die Spannung groß. Von wem könnte dieser Karton stammen?

Die vier Damen lösen das Klebeband und schauen sich den Inhalt näher an. Obenauf liegt ein Brief mit folgendem Inhalt:

> *„Ein Weihnachtsgeschenk an die lieben Königinnen, direkt aus dem Himmel.*
> *Vielen herzlichen Dank für alle Fürbitte, für jeden Krankenbesuch, für jede freie Zeit, die Ihr benutzt habt, den Kindern ihren Heiland bedeutend zu machen, für jede Andacht in Eurem Hause mit Kaffee und Kuchen,*

*für jeden regelmäßigen Besuch im Altenheim
Niederaula mit Gottes Wort, schönen Lie-
dern und Gitarrenbegleitung, für jedes ein-
gelegte Dankopfer und jeden körperlichen
Einsatz, wo Not am Mann war.
Ein gesegnetes Weihnachtsfest und ein gesun-
des neues Jahr wünscht Euch
Euer Christkind."*

Und dann geht es ans Auspacken. Vier wunderschöne Schuhkartons mit Hausschuhen in
passender Größe kommen zum Vorschein. Sie
tragen verschiedene Farben und sind mit
Lammfell gefüttert, also teure, wertvolle Schu-
he. Die Freude ist überwältigend, und die
Überraschung ist gelungen. Doch dann be-
ginnt das Rätselraten: Wer tut uns so viel
Gutes? Alle Nachfragen sind erfolglos. Jeder
wehrt ab: „Von mir stammt das Paket nicht."
Erst nach Wochen, als sie mit einer über
Neunzigjährigen zusammentreffen und auch sie
fragen, schweigt diese und kann ein Lächeln
nicht verbergen. „Also Du hast uns beglückt."
Ein warmherziger Händedruck streckt sich
ihr zum Zeichen des Dankes entgegen.

# Die Flugblätter

*Pastor Wilhelm Busch erzählt:*

Bei der Geheimen Staatspolizei erlebte man zuweilen auch recht merkwürdige Dinge. Ich will von einer Begebenheit berichten, die mich jetzt noch manchmal zum Schmunzeln bringt. Da sollte an einem Sonntag nach der Predigt eine Abkündigung von der Kanzel erfolgen. Die Bekennende Kirche hatte dies veranlasst. Die Nazis hatten ja alle Organisationen unter ihre Gewalt gebracht und mischten sich auch in unerhörter Weise in die Belange der Kirche ein. Behinderten und kranken Menschen, die in christlichen Anstalten untergebracht waren, drohte der Tod. Das sogenannte „lebensunwerte Leben" sollte ausgelöscht werden, und man begründete dies mit dem Argument, dass die deutschen Soldaten ihr Leben an der Front einsetzten und deshalb gut versorgt werden müssten. Es gehe nicht an, dass die Kranken ihnen das Brot wegäßen.

Nun sollte eine kirchliche Erklärung gegen die Euthanasie verlesen werden. Ein Flugblatt, das am Ausgang der Kirche verteilt werden sollte, war eine gute Methode, diese Aktion zu unterstützen. Aber die Geheime Staatspolizei hatte Wind davon bekommen. Schon am Samstag besuchten mich zwei Herren. Sie kamen ja immer zu zweit. Einer setzte sich auf einen Stuhl und legte dabei seinen kräftigen Arm auf die Flugblätter, die auf meinem Schreibtisch lagen. Es war ein ganzer Stapel. Mir war schrecklich zumute. In schroffem Ton fragte er mich: „Haben Sie Flugblätter?" Ich erwiderte: „Darüber bin ich Ihnen keine Antwort schuldig." Er gab mir zu verstehen: „Dann muss ich bei Ihnen eine Hausdurchsuchung durchführen." Das konnte ich ihm nicht verwehren. Er stand auf, schaute sich im Studierzimmer um und muss wohl einen gewaltigen Schreck bekommen haben. Da standen riesige Bücherschränke bis obenhin gefüllt. Hinter jedem Buch könnten die Flugblätter liegen. Ich beruhigte ihn: „Dahinter sind keine Flugblätter versteckt. Sie wissen, ich lüge Sie nicht an." Er ging in die anderen Räume und öffnete jeden Schrank, jede Schublade und jede Kommode, während sein Begleiter mich im Auge behielt. Nach geraumer Zeit kam er zurück, setzte sich auf den Stuhl, legte seinen Arm wieder auf den Stapel Flugblätter und sagte bloß: „Sie scheinen keine Flugblätter zu haben."

Ich würde ja glauben, dass dies ein freundlicher Wachmann war, der mir wohlgesonnen war. Doch ich kannte diesen Burschen schon aus früheren Begegnungen. Hätte der Gestapomann auch nur ein einziges Flugblatt gefunden, er hätte mich sofort aufs Revier mitgenommen. Dann hätte ich mit dem Schlimmsten rechnen müssen. Für ein solches Vergehen hätte man mich auch ins Gefängnis einsperren können. Das war das Unheimliche an der Gestapo, dass sie eine Front gegen die Christen eröffnet hatte. Doch der lebendige Herr brachte seine gewaltige Hand ins Spiel. Es heißt an manchen Stellen der Bibel, dass den Leuten die Augen gehalten wurden. So hatte es Gott auch mit diesem Gestapomann gemacht. Direkt vor ihm lag der Stapel mit Flugblättern, und der Beamte merkte nicht, worauf er seinen Arm gelegt hatte. Ich empfand darüber tiefes Glück.

# Wir werden sein wie die Träumenden

Heute am 17. Oktober 2007 jährt sich nun schon zum fünfzigsten Mal der Tag, der uns in der Studentenmission in Angst und Schrecken versetzt hat. Vier junge Christen wurden nach einer Bibelarbeit verhaftet. Zwei Frauen und zwei Männer wurden an diesem rabenschwarzen Tag von Mitgliedern des Sicherheitsdienstes der DDR abgeführt, als sie auf dem Weg zum Bahnhof waren. Zu den Inhaftierten gehörten: Eva Maria Marschall, sie war Kirchenmusikerin und Reisesekretärin der Studentenmission, Gerd Möhlmann, der an der Technischen Universität in Berlin studierte, Edith Schulz, die in Dresden Kirchenmusik studierte, und Konrad Heinig. Von diesen vier gläubigen Christen kannte ich nur Eva Maria Marschall und Edith Schulz. Natürlich haben wir damals in der SMD Sturm gebetet, als wir von der Verhaftung hörten. Wie ein Lauffeuer hatte sich diese erschreckende Nachricht herumgesprochen. Wir atmeten tief durch, als wir Monate später von ihrer Entlassung aus dem Gefängnis hörten. Eva Maria hat wohl am längsten einsitzen müssen, nämlich elf Monate. Danach verloren wir uns aus den Augen, jedenfalls haben wir nie über dieses Ereignis miteinander gesprochen. Aber vergessen habe ich diese Gefangennahme nicht.

Wie glücklich war ich, als ich nach so langer Zeit einen Anruf von Edith Schulz erhielt. Sie fragte mich nach dem Titel eines Buches, das ich geschrieben hatte. Für mich brachte dieses Telefonat Freude in mein Herz. Es war damals ein so heißes Ringen um ihre Freilassung gewesen, und nun konnte ich sie nach so vielen Jahren selbst reden hören. Natürlich fragte ich sie sofort, wie es ihr im Gefängnis ergangen sei. In einem langen Gespräch hat sie meine Wissbegierde befriedigt. „Aber", so rief sie mir noch zu, ehe sie den Hörer auflegte, „ich werde Ihnen meine Stasiakte zusenden, die ich bei der Gauck-Behörde angefordert habe. Sie füllt einen ganzen Karton aus." Wenige Tage später hielt ich einen prall gefüllten Briefumschlag in Händen. Aber das waren nur einige der Unterlagen.

Ich will nun der Reihe nach erzählen, wie sich diese entsetzliche Begebenheit zugetragen hat:

Am Morgen nach dem Bibelleskreis in der

Kirchenmusikschule Dresden wurde Edith Schulz von der Straße weg zum Untersuchungsgefängnis der Stasi gebracht und einen Tag lang ununterbrochen verhört. Sie saß auf einem Hocker in der Ecke eines Raumes, und vor ihr stand ein langer Tisch mit einem roten Tuch behängt. Dahinter warf ein Fenster fahles Licht in das Zimmer. Ein Vernehmungsbeamter führte das Verhör durch. Edith Schulz sollte bestätigen, dass sie in der DDR eine SMD-Gruppe gründen wollte, was verboten war. Nur die Studentengemeinde war im Rahmen der evangelischen Kirche erlaubt. Das war der Hauptanklagepunkt. Am nächsten Tag wurde sie nach Berlin gebracht. Die Verhandlung sollte vor dem Obersten Gericht der DDR stattfinden, und das ließ nichts Gutes ahnen. Ohne dass ihre Eltern von ihrer Verhaftung informiert waren, sperrte man sie in eine Zelle, in der schon eine Gefangene einsaß. Aus den Stasiakten geht hervor, dass diese Frau als Spitzel auf Edith Schulz angesetzt war. Sie stammte aus einem Dorf aus der Nähe von Potsdam, und man warf ihr vor, sie habe russische Panzer ausspioniert, sie fotografiert und diese Aufnahmen dem amerikanischen Geheimdienst übermittelt. Ellenlange Berichte hat dieser Spitzel über seine neue Zellengenossin verfasst, die aber insgesamt nicht zum Schaden von Edith ausgefallen sind. Edith Schulz hat sich in dieser Zeit als Christin bewährt und ihrem Glauben gemäß gelebt. Als sie nach der Wende die Berichte von ihrem Spitzel zu Gesicht bekam, hat sie diese Tatsache sehr gefreut und in ihrem Christsein bestärkt.

Welches waren nun die Gründe, die zur Verhaftung geführt? Einen habe ich schon erwähnt. Mit der Gründung von SMD-Gruppen habe sie mit dazu beitragen wollen, der DDR Schaden zuzufügen und den Staat politisch zu unterwandern. Außerdem stand sie unter dem Verdacht, eine Agentin des Ministeriums für gesamtdeutsche Fragen und einer westlichen Spionage-Organisation zu sein. Die Regierung der DDR sollte gestürzt werden. Dieser Anklagepunkt wurde aber später fallen gelassen und ihr Verfahren von dem der anderen Christen abgetrennt. Sie wurde zunächst in ein Gefängnis nach Görlitz verlegt.

Edith Schulz war die Tochter eines Pfarrers in der DDR und hatte zunächst in Marburg und Heidelberg Theologie studiert, da sie in der DDR keinen Studienplatz bekommen hatte. In dieser Zeit hat sie in Marburg die Gruppe der SMD und ihre Reisesekretärin Eva Maria Marschall kennengelernt. In den Semesterferien hat sie eine Reise nach England unternommen. Land und Leute haben sie schon immer interessiert. Da das Reisen von der DDR ins westliche Ausland fast unmöglich war und hätte genehmigt werden müssen, hat sie die Chance genutzt und von Marburg aus einige schöne Ferientage auf der Insel verbracht. Niemandem hatte sie von ihrer Fahrt erzählt außer einer Freundin und ihren Eltern. Das brachte ihr später eine zusätzliche Strafe von drei Monaten ein, da die Stasi über ihre Freundin von der Englandfahrt erfahren hatte. So steht es wenigstens in den Akten. Außerdem wurde Edith ein Vergehen gegen das Passgesetz vorgeworfen und ein Devisenvergehen. Sie hatte für eine Freundin aus Westdeutschland eine Flöte besorgen sollen und dafür von ihr 600 DM erhalten. Ein solcher Umtausch von Geld war damals nicht gestattet.

Schwerwiegender als die eben angeführten Gründe war allerdings die Beschuldigung, Edith Schulz habe versucht, in der DDR eine

Studentenmissionsgruppe zu gründen. Die Studentenmission war hinreichend verdächtigt worden, staatsfeindliche Umtriebe voranzutreiben. Dazu habe die SMD in Westberlin Freizeiten organisiert und auch Studenten aus der DDR eingeladen. Auf der Rückfahrt von Westberlin nach Dresden habe Edith Schulz die Hetzschrift „Unser Auftrag", die von der Studentenmission in Deutschland herausgegeben wurde, eingeschleust und auch verbreitet. Da diese Freizeiten in Westberlin vom Bonner Innenministerium einen finanziellen Zuschuss erhalten hatten, warf man der SMD vor, sie würde in der DDR Zersetzungstätigkeit betreiben.

Alle diese Anklagepunkte sind nach Artikel 6 der Verfassung der DDR Verbrechen und müssen geahndet werden.

Da bei Edith Schulz Fluchtgefahr bestand, blieb sie in Untersuchungshaft. Allerdings tauchte in der Anklageschrift die Verbindung zur sogenannten illegalen SMD-Gruppe mit staatsfeindlichem Charakter nicht mehr auf. Ihr konnte dies nicht nachgewiesen werden. Im Urteilsspruch, der verlesen wurde, gab es sogar eine positive Anmerkung. So wurde erwähnt, dass die Studentin vorwiegend auf dem Gebiet der Musik tätig sei. Aber die anderen Gründe reichten aus, sie für sechs Monate in Haft zu nehmen. So hatte sie für Eva Maria Marschall eine Aufenthaltsgenehmigung beschaffen sollen, damit die Reisesekretärin auch andere DDR-Studenten kennenlernen könnte. Dies machte Edith Schulz natürlich umso verdächtiger. Besonders schlimm war es für ihre Eltern, denn sie wussten nicht, was mit ihrer Tochter geschehen war. Erst viel später wurden die Eltern über einen Anwalt informiert. Aber dann kam endlich der glückliche Tag der Entlassung aus dem Gefängnis. Wie sehr fieberte sie diesem Ereignis entgegen. Edith Schulz empfand den Entlassungstag als tiefes Glück, sie konnte mit dem Psalmisten sprechen: „Wenn der Herr die Gefangenen Zions erlösen wird, dann werden sie sein wie die Träumenden." Geholfen hat ihr, diese Zeit unbeschadet zu durchstehen, dass sie nie ihre Vernehmungsbeamten oder Bewacher hassen musste. Sie sagt selbst: „Das vermag allein der Glaube." Und doch blieb ihr aus dieser Zeit im Gefängnis eine verstärkte gewisse Ängstlichkeit zurück. Sie konnte auch kaum mit anderen über diese Monate der Haft reden.

Es war ein nasskalter, regnerischer Tag, als sich für sie die Gefängnistore öffneten. Mit einem leichten Kostüm war sie festgenommen worden, und sie hätte schrecklich frieren müssen, wenn ihre Mutter nicht vorgesorgt hätte. So hatte die Mutter eine Bekannte in Dresden angerufen und sie gebeten, Edith vor den Gefängnistoren in Empfang zu nehmen. „Borge ihr doch bitte noch einen Mantel", hatte sie der Freundin durchs Telefon zugerufen. Jetzt war die Studentin frei, endlich frei und konnte ihr Examen in Musik zu Ende bringen.

An diesem Abend, als mich Edith Schulz wegen eines Buches angerufen hatte, fühlte ich ein stilles, tiefes Glück. Ich hatte persönlich mit dem Menschen reden können, dessen Festnahme mich erschüttert hatte und über deren Freilassung ich jubeln konnte.

# Gott richtet auf

Dies ist heute nicht mein Tag. Die Nacht war für mich unruhig. Ich konnte nicht schlafen und wälzte mich in den Kissen hin und her. Zweimal bin ich aufgestanden und nahm ein Buch zur Hand. Wie lang kann doch eine Nacht sein, wenn mir Schlaf und Träume verwehrt sind. Müde sitze ich am Frühstückstisch. Heute werde ich wohl kaum etwas Produktives leisten können. Es ist nur hilfreich und gut für mich, dass ich es mir seit meiner Jugend angewöhnt habe, am Morgen eine stille Zeit über der Bibel zu halten. So lese ich immer fortlaufend ein oder mehrere Kapitel und lasse das Wort der Heiligen Schrift auf mich wirken. Was hat Gott mir heute zu sagen? Wird er mir helfen, mich von meiner Müdigkeit und Trägheit zu befreien? Ich brauche dringend wache Augen für meine Tagesarbeit. So lese ich die vorgeschriebenen Verse und bin überrascht, was der Herr mir zuruft. Da steht in Hebräer 12,12f.: *„Darum richtet wieder auf die lässigen Hände und die müden Knie und tut gewisse Tritte mit*

*euren Füßen, dass nicht jemand strauchle wie
ein Lahmer, sondern vielmehr gesund werde."*

Genau das ist der Zuspruch, den ich heute
brauche. So bete ich, Gott möge mir die nö-
tige Frische zur Arbeit geben und mir auch
die Rheumaschmerzen erträglicher machen,
die mich heute Nacht so gequält haben.

Dann nehme ich meine Sinne zusammen
und überlege, was an diesem Tage zu tun sei.
Wir planen nämlich eine Evangelisation mit
Dr. Theo Lehmann, und ich habe mich zur
Mitarbeit bei der Werbung bereit erklärt. Es
ist mir auch wichtig, für diesen Verkündigungsdienst zu beten. Gott möge mir die
Menschen ins Gedächtnis rufen, die ich für
die Vortragswoche einladen kann.

Seit einem Jahr steht der Termin fest: 22.
bis 27. Oktober 2007 in der Evangeliumshalle in Marburg-Wehrda. Fünf große Hal-
len lassen sich in diesem Bau bestuhlen, und
nichts wäre mir lieber, als wenn die Räum-
lichkeiten aus allen Nähten platzen würden.
Ich brauche diesen Ansporn meines Herrn,
mich für den so wichtigen Auftrag aufzuraf-
fen und meine Füße und Hände zu bewegen.

Vor allen Dingen tut mir das Telefon einen
guten Dienst. Zunächst kläre ich ab, wer die

Presseaufgaben übernehmen kann. Eine junge Journalistin, die ihre Ausbildung beendet hat und noch auf eine feste Anstellung wartet, ist bereit, die nötigen Berichte in die Zeitungen zu stellen und ein Porträt von Dr. Lehmann zu verfassen. Ich stoße bei der jungen Reporterin auf große Bereitschaft. „Ja", erklärt sie mir, „ich habe schon von der Evangelisation gehört, und es ist auch mein Anliegen, viele Menschen ins Boot Christi zu ziehen." Das klingt sehr ermutigend für mich.

Mir ist es auch wichtig, die umliegenden Orte von Marburg zu informieren und die Verantwortlichen der christlichen Gemeinden mit Werbematerial zu versorgen. An diesem Tag muss mein Mann Pakete mit Einladungen und Plakaten vorbereiten und zur Post bringen. Mir liegt es auch am Herzen, den Oberbürgermeister und die Stadtverordneten einzuladen; denn „Gott will alle", so steht es auf dem Werbematerial.

Der Tag vergeht wie im Flug. Meine Müdigkeit ist verschwunden. Das vermag Gott. Einige Tage später erhalte ich die Mitteilung, dass meine Einladung angenommen ist. Der Oberbürgermeister der Stadt will gerne kommen und den Zuhörern ein Grußwort sagen. Nun bin ich gespannt, wie Gott handeln wird.

Die Evangelisation wurde ein voller Erfolg und Menschen fanden den Weg in die Nachfolge Christi.

# So kann ich nicht weiterleben

„So kann und so will ich auch nicht weiter-
leben", klagte Frau Müller. „Ich will dahin,
wo Swetlana ist. Swetlana war meine einzige
Tochter. Wir waren wie Freundinnen. Gewiss, ich habe noch drei Söhne, aber die Beziehung zu Swetlana war etwas ganz Beson-
deres. Sie war ein so frommes, liebes Mädchen, spielte gern Gitarre und sang im Chor
Sopran. Klar und rein war ihre Stimme, und
oft durfte sie auch die Solopartien singen.
Wie gern war sie bereit, um Christi willen
Menschen Liebes zu tun. Sie war wie eine
Diakonin in unserer Gemeinde. Mir tut es
heute noch leid, dass ich sie oft in ihren Lie-
besdiensten behinderte und ihr vorwarf, dass
sie es mit ihrem Christsein übertreibe. O,
wie töricht habe ich doch gehandelt. Wie
konnte ich meiner Tochter nur so im Wege
stehen. Nun ist sie tot. Eine besonders ag-
gressive Art von Blutkrebs hat ihr das Leben
genommen. Binnen sechs Monaten wurde
ihre Gesundheit zerstört, und kein Arzt konnte ihr helfen. Mir ist nur ein Foto von ihr
geblieben, das sie in gesunden Tagen zeigt.

Ich will sterben, nur noch sterben. Seit fast einem Jahr heule ich in meine Kissen und beklage den allzu frühen Tod meines Kindes. Sagen Sie mir, Frau Bormuth, dass ich sterben darf. Eine Mutter, der man das Kind genommen hat, ist doch schon tot, seelisch tot. Ohne Swetlana sehe ich keine Chance zu leben. Ich darf doch sterben? Ich will doch bei meiner Swetlana sein."

Ich hörte die Klage dieser Mutter und war davon ergriffen. Wie tief mussten ihr Schmerz und ihr Weh sein, dass ihr jeglicher Lebenswille genommen war.

„Ja, Frau Müller, Sie dürfen bei Ihrem Kind sein, aber nicht so, wie Sie sich das ausgedacht haben. Sie werden keine Schlaftabletten nehmen, um langsam in einer Nacht dahinzudämmern. Sie dürfen mit Ihrer Tochter zusammenkommen, indem Sie Ihr Leben Christus anvertrauen und sich im Glauben an diesen Erlöser bewähren. Wer Jesus in sein Dasein aufnimmt, empfängt sogar über den Tod hinaus Leben, ewiges Leben. Und am Ende Ihrer Tage wird Swetlana Sie am Tor zu Gottes neuer Welt empfangen, und Sie werden für immer mit ihr verbunden sein. Diese Chance räumt Ihnen der Herr ein. Ja, er wartet schon darauf, dass Sie sich mit Ihrem Schmerz in seine Arme flüchten. Alle Schuld will er Ihnen vergeben, damit Sie ausgesöhnt mit dem Vater im Himmel leben können, und dann darf es Ihr Ziel sein, ewiges Leben zu haben wie Ihre Swetlana.

Jetzt klopft Christus an die Tür Ihres Lebens und bittet um Einlass. Er drängt sich Ihnen nicht auf, aber er will Sie als Kind annehmen und Ihnen als guter Freund zur Seite stehen. Wollen Sie zu Christus Ja sagen? Das ist die entscheidende Frage. Zögern Sie nicht, sich diesem Heiland und Erlöser anzuvertrauen. Wünschen Sie noch ein Gebet?"

Ein etwas zaghaftes „Ja" kam über ihre Lippen. So rief ich Gott um Gnade an. Ich hatte kaum Amen gesagt, da betete die Mutter: „Herr Jesus Christus, nimm mein Leben. Es soll dir gehören. Führe mich, wie du Swetlana geführt hast, durch diese Zeit und lass mich auf immer mit meinem Kind vereint sein. Amen."

Ja, so ist es recht, musste ich denken. Der Anfang ist gesetzt. Nun dürfen weitere Schritte im Glauben folgen.

Bevor wir auseinandergingen, las ich dieser Mutter noch Verse aus Offenbarung 21,3f. vor:

„Und ich hörte eine große Stimme von dem Thron, die sprach: Siehe da, die Hütte Gottes bei den Menschen! Und er wird bei ihnen wohnen, und sie werden sein Volk sein, und er selbst, Gott mit ihnen, wird ihr Gott sein; und Gott wird abwischen alle Tränen von ihren Augen, und der Tod wird nicht mehr sein, noch Leid noch Geschrei noch Schmerz wird mehr sein; denn das Erste ist vergangen."

Das ist Hoffnung und größtes Glück für uns.

# Gott liebt alle

Fröhlich bin ich heute Morgen aus dem Bett gestiegen. Die ganze Welt hätte ich umarmen können. Eine Woche lang hat Pfarrer Dr. Lehmann in der Evangeliumshalle hier in Marburg das Wort Gottes verkündigt. Christus war der Mittelpunkt seiner Ansprachen. Jeden Abend war die Halle voll besetzt. 400 Besucher und mehr ließen sich dazu einladen. Wunderbar hat Jesus uns Gelingen geschenkt. Die Wochen vorher waren mit viel Arbeit ausgefüllt. Eine tapfere, mutige Mitarbeiterschar hat sich in Dienst nehmen lassen, und die abendlichen Veranstaltungen verliefen ohne Pannen und Störungen. Mein Mann und ich hatten die Werbung übernommen. In vielen Geschäften hing dann das Plakat in den Schaufenstern. Das Motto dieser evangelistischen Vorträge lautete: „Gott will alle!"

Dankbar waren wir, dass die Geschäftsstelle der CDU in Marburg uns Plakatständer zur Verfügung stellte, und an vielen verkehrsreichen Straßen, Plätzen und Brückengeländern lockte die Einladung. Immer neue Namen brachte ich in meinen Gebeten vor Gott, schrieb persönliche Briefe, klopfte an Türen und telefonierte. Ich wollte Menschen für Jesus gewinnen, auch unseren Herrn Oberbürgermeister.

An dem Abend, für den er seine Zusage gegeben hatte, stand ich mit klopfendem Herzen an der Eingangshalle, einen Blick zur Tür gewandt und den andern auf die Uhr gerichtet. Mittlerweile war es schon 20 Uhr geworden. Müsste ich jetzt meinen Platz räumen und in die Halle gehen? Würde der für meinen besonderen Gast reservierte Stuhl leer bleiben?

Plötzlich sah ich ein Auto direkt vor dem Treppenaufgang halten. Der Oberbürgermeister stieg aus seinem Mercedes. Mein Herz schlug höher wie bei einem Kind, dessen Weihnachtswunsch erfüllt wurde. Ja, Gott hatte mein Gebet erhört. Es war eine bewegende Botschaft, die unser Stadtoberhaupt an diesem Abend hören konnte. Als wir uns am Ende der Veranstaltung verabschiedeten, drückte er mir fest die Hand. „Frau Bormuth, ich war gern in Ihrer Mitte. Danke für Ihre persönliche Einladung. Die Begnung mit Ihnen hat mir gut getan."

Seit ich wusste, dass wir in unserer Stadt eine Evangelisation durchführen wollten, habe ich den Namen unseres Oberbürgermeisters vor Gott genannt. Ich versuche auch sonst, die Verantwortlichen unserer Stadt und unseres Landes im Gebet vor Gott zu bringen. Das wird uns sogar im 1. Timotheusbrief von Paulus befohlen: *„So ermahne ich nun, dass man vor allen Dingen tue Bitte, Gebet, Fürbitte und Danksagung für alle Menschen, für die Könige und für alle Obrigkeit, damit wir ein ruhiges und stilles Leben führen können in aller Frömmigkeit und Ehrbarkeit. Dies ist gut und wohlgefällig vor Gott, unserem Heiland, welcher will, dass allen Menschen geholfen werde und sie zur Erkenntnis der Wahrheit kommen"* (Kapitel 2,1-3).

Und noch ein Beispiel will ich erzählen: Frau Ludwigs Gesicht hatte ich nur noch in vager Erinnerung. Bei einem Frauenfrühstück war ich ihr begegnet. Sie hatte sich ein Buch gekauft, und dann waren wir ins Gespräch miteinander gekommen. Sie stammte aus Kasachstan, und die Eingliederung hier in Deutschland war ihr nicht leichtgefallen. Es gab so viel Neues und Ungewohntes für sie, und manche Hürde musste sie überwinden.

Vor allen Dingen fiel es ihr nicht leicht, die deutsche Sprache zu erlernen. Sie hatte aber trotzdem einen geeigneten Arbeitsplatz finden können. Darüber war sie sehr glücklich.

Das Buch mit dem Titel „Hoffnung wird immer großgeschrieben" gefiel ihr sehr gut. Sie hatte es am Büchertisch erstanden. Nun wollte sie es einer Freundin schenken, deren Mann schwer an Krebs erkrankt war. Wir unterhielten uns am Telefon darüber, wie schwierig es ist, ein solches Leid zu verkraften. Plötzlich kam mir der Gedanke, Frau Ludwig zur Vortragswoche einzuladen. „Ja, ich komme", reagierte sie positiv. Herzlich begrüßte ich sie und ihre Freundin, die sie mitgebracht hatte. Aufmerksam hörten die beiden Frauen der Predigt zu, die unter dem Thema stand: „Eine Frau fängt Feuer".

Dr. Lehmann sprach über die Unternehmerin Lydia. Sie wurde die erste Christin in Europa. In Apostelgeschichte 16,9-15 wird uns diese Geschichte berichtet. Es wurde ein herrlicher Abend. Gebannt hörten die Menschen in der Halle Dr. Lehmann zu. Er verstand es auch ausgezeichnet, spannend und humorvoll und doch mit dem nötigen Ernst die Tatsache vor Augen zu malen, dass Gott unsere Errettung und Befreiung aus der Macht des Bösen will.

Ich gewann den Eindruck, dass auch Frau Ludwig an diesem Abend bewusst ihr Leben in Jesu Hände legte. Lange saß sie still da, schloss die Augen, faltete die Hände und betete. Nachdem der Segen zum Abschluss des Abends gesprochen war, nahm sie mich in ihre Arme und drückte mich fest an sich. Mehrere Küsse gab sie mir auf die Wange. „Danke, Frau Bormuth, danke, dass Sie mich eingeladen haben. Es ist für mich ein wunderschöner Abend."

Auch Frau Ludwig hatte wie Lydia Feuer für Jesus gefangen, und ich freute mich darüber. Im Neuen Testament heißt es doch: *„So wird Freude sein im Himmel über einen Sünder, der Buße tut"* (Lukas 15,7).

Mein schönstes Erlebnis hatte ich am letzten Abend der Evangelisation. Die ganze Woche saß meine Frisörin mit ihrer Mutter in der vordersten Reihe. Ich hatte sie bei meinem Haarschnitt einige Tage zuvor für diese Evangelisation eingeladen, und sie war mit ihrer Familie gekommen. Am Freitag und Samstag begleitete sie auch ihr 14-jähriger Sohn. Ich setzte mich zu ihnen. Es war der

Junge, der das Gespräch mit mir anfing: „Wenn Dr. Lehmann aufruft, dass wir nach vorne vor das Kreuz kommen sollen, wenn wir Jesus nachfolgen wollen, dann will ich dies auch tun. Ich möchte unbedingt zu Christus kommen. Mutti, du auch?"

Ihre Antwort war: „Ja, ich auch. Jesus ist mir zwar nicht fremd, aber so bewusst habe ich noch nie Ja zu ihm gesagt." Ich machte ihr Mut: „Gut, dann begleite ich Sie beide nach vorne unter das Kreuz, damit Sie nicht allein gehen müssen."

Es war für mich schon bewegend, als Mutter und Sohn gleich bei der ersten Strophe, die gesungen wurde, aufstanden und nach vorne gingen. Still stellte ich mich neben die beiden und dankte Gott in meinem Herzen. Wieder hatten zwei Menschen zum Frieden mit Gott gefunden. Über ihrem neuen Weg stand das Wort aus Römer 5,1, das der Evangelist ihnen im Namen Gottes zusprach: „Da wir nun gerecht geworden sind durch den Glauben, haben wir Frieden mit Gott durch unseren Herrn Jesus Christus."

Mein Herz war von stürmischer Freude erfüllt. Die Einladung zur Vortragswoche war auf fruchtbaren Boden gefallen. Am nächsten

Morgen erzählte ich einer Gottesdienstbesucherin von meinem frohen Erlebnis. „Meine Frisörin ist mit ihrem Sohn zum Glauben gekommen." Sie aber sagte mir bloß: „Na ja, das ist ja ganz schön, was Sie da von Ihrer Frisörin erzählen. Aber die Haare hat sie Ihnen ganz schlecht geschnitten." Verständnislos schaute ich meine Gesprächspartnerin an. Ich musste denken: Auch wenn diese allein erziehende Mutter mir eine Glatze geschnitten hätte, so könnte niemand mir die Freude darüber rauben, dass wieder zwei Menschen mehr den Himmel bevölkern werden.

# Der Durchbruch ist geschafft

Auf einer großen Konferenz für Senioren treffe ich am Ausgang auf den Redner des Tages. Freundlich begrüßt mich der Pfarrer: „Schön, dass wir uns trotz der Menschenmenge doch noch begegnen können, Frau Bormuth. Es wird höchste Zeit, dass ich Ihnen etwas sehr Schönes mitteile. Ich hatte Sie ja schon vor etwa zweieinhalb Jahren zu einem Frauenabend eingeladen. Ihr Verkündigungsdienst hat in meiner Gemeinde einen Durchbruch bewirkt. Eine Reihe von Frauen, die sonst nur am Rande des kirchlichen Lebens standen, sind vom Evangelium berührt worden und besuchen seitdem regelmäßig die Gottesdienste. Danke für Ihren Einsatz, Frau Bormuth. Gott hat Sie sehr gesegnet."

Solch eine Begegnung schenkt mir wunderbare Glücksmomente. Oft lasse ich mich von trüben Gedanken niederdrücken und frage mich, ob denn meine Vortragsreisen bewirken, dass Menschen zum Glauben finden. Hier in dieser Gemeinde hat Gott Gnade geschenkt. Sein Wort bleibt in Ewigkeit, wie es auch im 1. Petrusbrief 2,25 steht.

# Tröstende Worte

In einem Erholungsheim halte ich Vorträge bei einer Mutter-Kind-Freizeit. Beim Mittagessen werde ich ans Telefon gerufen. Mein Vater ist am Apparat und teilt mir kurz mit, dass er ins Krankenhaus eingeliefert worden sei. Die Darmbeschwerden seien heftiger geworden, und nun solle er operiert werden. Vaters Stimme klingt sorgenvoll.

Diese Hiobsbotschaft macht mir schwer zu schaffen. Ich habe ein sehr enges, herzliches Verhältnis zu meinem Vater und befürchte, dass er nun leiden muss.

Schwester Elfriede, die die Leitung der Tagung hat, merkt sofort, dass es mir nicht gutgeht, und nimmt mich mit in ihr Zimmer. Hier kann ich meinen Tränen freien Lauf lassen. Es fällt mir so schwer, von der lebensbedrohlichen Erkrankung meines Vaters zu wissen und ihm nicht helfen zu können. Ich bin erschüttert, und mir ist elend zumute. Wie gut, dass ich Schwester Elfriede an meiner Seite weiß. Sie nimmt mich in den Arm und tröstet mich. Ich brauche mich meines Schluchzens und Weinens nicht zu schämen.

Diese Diakonisse versteht mich und faltet für mich ihre Hände vor Gott. Ich erfahre ihre Liebe und ihr Verstehen. Das ist Glück, wenn ich um solche mittragenden, fürbittenden Menschen weiß, die mich in meiner Not nicht allein lassen.

# Es passt schon

Ich war vom CVJM in die Nähe Würzburgs eingeladen worden, um in einem Dorf eine Woche lang Vorträge zu halten. Das Freizeitheim war mit über 100 Teilnehmern voll belegt. An einem Morgen nach der Bibelarbeit wies ich auf den Büchertisch hin. Der Erlös vom Verkauf war für das Marburger Bibelseminar bestimmt. Ich war überrascht über den starken Andrang. Einige kauften fünf oder sechs meiner Bücher und baten mich, sie zu signieren. Wie gut, dass ich in der Konfirmandenstunde viele Bibelsprüche auswendig gelernt hatte. Ich möchte nämlich nicht nur meinen Namen hineinschreiben, sondern auch ein Wort Gottes.

An einen jungen Bauern denke ich besonders. Er hatte für 38,50 DM Bücher erstanden und mit einem Fünfhundertmarkschein bezahlt. „Passt schon!", murmelte er.

Ich war etwas irritiert und wusste nicht, was er damit sagen wollte. So suchte ich in meinem Portemonnaie nach Wechselgeld.

„Es passt schon, habe ich doch gesagt", wehrte er ab. „Mich freut es sehr, wenn ich das Bibelseminar unterstützen kann. Mir geht es gut. Ich besitze einen großen Bauernhof, bin noch ledig und brauche keine Familie zu unterhalten. In diesem Jahr war die Ernte besonders gut, und ich konnte außerdem 12 Kälbchen verkaufen. Da will ich gerne mithelfen, dass Gottes Reich aufgebaut werde."

Bei diesen Worten wurde mir ganz warm ums Herz, und ich konnte nur „Danke, danke", stottern.

# Das Beichtgespräch

Ich habe mich bei unserem Pfarrer zum Beichtgespräch angemeldet. Schwer wird mir dieser Gang. Wer spricht schon gern über seine Schuld, sein Versagen und seine Versäumnisse. Aber das Wort Gottes mahnt mich: „Bekenne einer dem anderen seine Schuld." Und Martin Luther hat gesagt: „Wer sich nicht gescheut hat zu sündigen, der soll sich auch nicht scheuen, seine Sünde zu bekennen."

Leise kommen mir meine Worte über die Lippen, und im Stillen denke ich: Wie sehr muss doch der Pfarrer von dir enttäuscht sein, dass sich noch so viel Hässliches in deinem Leben findet. Wenn ich nur schon an die lieblosen Gedanken, an die negativen Bemerkungen über andere, an Neid und Geiz denke. Aber ich bin überrascht. Am Ende meines Bekenntnisses tröstet mich der Pfarrer mit dem wunderbaren Satz: „Ja, so sind wir, Frau Bormuth, bis ins Innerste verdorben, und doch dürfen wir von Gottes Gnade leben. Dafür ist Christus am Kreuz gestorben, dass er uns all unsere Verfehlungen vergibt und uns von unseren Gebrechen heilt. Jesus söhnt uns durch sein Blut mit dem Vater im Himmel aus."

Der Pfarrer spricht mir die Vergebung meiner Schuld zu, betet noch mit mir und stellt mich unter den Segen Gottes. Zutiefst empfinde ich das Glück bei den Worten: „Der Herr segne dich und behüte dich. Er lasse sein Angesicht über dir leuchten und sei dir gnädig. Er erhebe sein Angesicht auf dich und gebe dir seinen Frieden."

Erleichtert finde ich meinen Weg nach Hause. Ich bin unheimlich froh darüber, dass Gott mir meine Sünde nicht weiter anrechnet. Es beglückt mich auch, dass mein Seelsorger mir viel Verständnis entgegengebracht hat.

# Gott erhört Gebet

Frau von Buttlar war mit ihren Nerven am Ende. Sie brach immer wieder in Tränen aus: „Frau Bormuth, mich trifft ein Schicksalsschlag nach dem anderen. Zunächst wurde mein Mann sehr krank. Er litt an einem Bandscheibenvorfall, wurde operiert, kann aber seitdem nur noch wenige Schritte schmerzfrei gehen. Seine Wirbelsäule ist verkrümmt, und mein einst so großer, schöner Mann ist dabei recht bucklig geworden. Das hat seinen Stolz verletzt, und immer wieder fällt er in Depressionen. Außerdem hat der Arzt bei ihm eine beginnende Alzheimer Erkrankung festgestellt. Er vergisst plötzlich, dass er zwei Tage zuvor einen Brief geschrieben hat und welches unser Urlaubsziel im Sommer sein wird. Dabei haben wir es doch zusammen in einem Reiseführer ausgesucht und im Reisebüro gebucht.

Aber die Sache mit meinem Mann ist noch das kleinere Übel. Viel mehr Sorgen mache ich mir um unsere Tochter. Sie ist unser einziges Kind. Zunächst lief in der Erziehung und in der Schule alles recht gut. Nach dem Besuch der Mittelschule absolvierte sie eine Lehre im Bankfach. Dann aber wollte sie doch noch studieren und drückte noch einmal die Schulbank. Mit großem Fleiß hat sie das Abitur geschafft. Gewiss, sie musste ein Jahr warten, bis sie zum Studium der Medizin zugelassen wurde, denn ihr Notendurchschnitt war nicht der beste. Aber dann war sie glücklich, als sie in Leipzig mit dem Studium beginnen konnte.

Dort lernte sie auch Volker kennen und schwebte wie auf Wolke sieben. Die beiden verliebten sich, und schon eineinhalb Jahre später wurde Martina schwanger. Damit das Kind ehelich geboren werden sollte, heirateten sie. Die jungen Eltern freuten sich über die Geburt ihrer Stephanie.

Aber damit kamen auch neue Probleme auf. Unser Schwiegersohn studierte Pharmazie. Sein Vater besaß in Dresden eine gut gehende Apotheke, die er einmal übernehmen sollte. Aber nun musste ja auch das Baby versorgt werden. Beide wollten weiter studieren, und nun musste ein Plan entwickelt werden, wer wann das Kind in seine Obhut nehmen sollte. Das Studium gestaltete sich dadurch schwierig, und meist musste Martina zu Hause bleiben.

Darüber kam es öfter zum Streit mit ihrem Mann; denn Volker war sehr ehrgeizig und wollte sich nicht in die Pflicht nehmen lassen. Hinzu kam, dass er in der Universität einer ehemaligen Klassenkameradin begegnet war. Die frühere Liebe zu dieser Kunststudentin flackerte wieder auf. Das blieb Martina nicht verborgen.

Heftige Auseinandersetzungen folgten, und das Ende der einst so glücklichen Beziehung war die Trennung der beiden. Ein halbes Jahr später reichte Volker die Scheidung ein. Er hatte nur noch seine frühere Freundin im Sinn.

Martina war über den Zerbruch ihrer Ehe bitter enttäuscht. Hatte ihr Volker nicht am Altar die Treue versprochen, bis dass der Tod sie scheide? Auch ihre Bedingungen zum Studieren verschlechterten sich. Als das Physikum näher kam, blieb ihr nur noch die Nachtzeit zum Lernen. Stephanie war ein überaus quirliges Kind und forderte die ganze Liebe und Aufmerksamkeit der Mutter heraus.

Es kam, wie es kommen musste, unsere

Tochter hat das Physikum nicht bestanden. Nur wenige Punkte fehlten zum Erfolg. Martina war darüber todunglücklich. Wir trösteten sie und versprachen, ihr beim zweiten Versuch beim Examen zu helfen. Ich holte Stephanie zu uns, damit Martina genügend Zeit zum Lernen blieb.

Nun findet in ein paar Tagen die Prüfung statt. Ich bin so aufgeregt. Wird das Physikum diesmal gelingen? Deshalb habe ich Sie aufgesucht, liebe Frau Bormuth. Sie müssen mir mit Ihren Gebeten beistehen. Es wäre schon eine Tragik, wenn unsere Tochter ein zweites Mal durchs Examen fallen würde. Vor lauter Aufregung habe ich in den beiden vergangenen Nächte kaum geschlafen."

Zunächst beruhigte ich Frau von Buttlar. Auf keinen Fall dürfte sie mit ihrer Nervosität Martina anstecken. Sie sollte das Telefonieren mit ihrer Tochter auf ein Mindestmaß beschränken und nur Schönes über Stephanie erzählen. Das bevorstehende Physikum sollte sie gar nicht erst erwähnen. Was ihre Tochter brauchte, war Ermutigung. Das Gebet ist immer noch die stärkste Kraft. So falteten wir beide die Hände und flehten zu Gott, er möge doch Gelingen schenken. Ich versprach der Mutter, mir den Tag des Examens gut zu merken und weiter im Gebet für Martina einzustehen. Dabei erinnerte ich mich daran, wie unsere fünf Kinder an verschiedenen Studienorten ihre Examina ablegen mussten. Auf meinem Schreibtisch lagen dann kleine Zettel, die mich an die bevorstehenden Prüfungen erinnerten. Unsere Kinder rechneten damit, dass ihre Mutter für sie beten würde. Da diese Methode äußerst erfolgreich war, baten mich sogar die Studenten, die bei uns wohnten, an sie zu denken, und legten mir ihre Prüfungstermine auf den Schreibtisch.

So kam ich meinem Versprechen nach und betete an diesem Donnerstag für Martina. Einige Zeit später erhielt ich einen Telefonanruf: „Frau Bormuth, Martina hat ihr Physikum geschafft. Danke, danke!"

Ich selbst war darüber sehr beglückt.

# Auf Zimmersuche

Ich war sehr glücklich, mein Abiturzeugnis in Händen zu halten. In den Fremdsprachen und in einigen Nebenfächern hatte ich gute Ergebnisse erzielt, aber die mangelhafte Note in Mathematik hat mir die Suppe kräftig versalzen. Doch ich sagte mir: „Geschafft ist geschafft, und wer wird schon später nach meiner Mathematiknote fragen?" So setzte ich mich über diesen Makel hinweg. Besonders hat es mich gefreut, dass ich in den mündlichen Prüfungen in Musik und Französisch gut abgeschnitten hatte; denn ich war doch sehr aufgeregt. Ein Examenstyp, der alle Anspannungen locker wegsteckt, bin ich leider nicht. Aber nun galt es, alle Formalitäten für das Studium in den Griff zu bekommen.

Am schwierigsten war die Zimmersuche. 1955 herrschte noch große Wohnungsnot. Meist mussten sich zwei Studenten ein Zimmer teilen. Ich hatte bis dahin noch nie etwas mit Wohnungssuche zu tun gehabt. Da ich keine Freunde oder Bekannte in Marburg hatte, schrieb ich eine Karte an die Stadtmission und bat, man möchte mir doch ein

Zimmer besorgen. Jeden Sonntag nach der Predigt kündigte der Pastor neben anderen Mitteilungen ab: „Eine Theologiestudentin will in Marburg studieren und sucht ein Zimmer."

Nachdem dies an drei Sonntagen von der Kanzel verkündigt worden war, stieß eine ältere Frau ihren Mann an und meinte: „Vater, lass uns doch das junge Mädchen aufnehmen." Ich war der glücklichste Mensch der Welt, als mich dann eine Karte erreichte, ich könnte in Marburg-Marbach, Bienenweg 9 eine Unterkunft finden. Mein Wohnungsproblem war gelöst.

So fuhr ich mit einem Karton und einem Koffer nach Marburg. In meinem Portemonnaie hatte ich 50 DM. Dieses Geld hatte mir mein Vater zugesteckt. Es sollte für einen Monat reichen.

Mein Vater hatte es sich auch nicht nehmen lassen, mich aus meinem Heimatort Breitenbach bis zum Bahnhof in Bebra zu bringen. An diesen Weg durch die wunderschöne Lindenallee denke ich noch heute. Auf dem Fahrrad stand mein Gepäck. Vater war so stolz auf mich, dass ich trotz widriger Bedingungen durchgehalten und mein Abitur geschafft hatte.

In den Jahren nach 1945 war es schwer, sich den Lebensunterhalt zu verdienen. Meinen Eltern ging es finanziell schlecht, weil mein Vater seine Lehrtätigkeit als Professor verloren hatte. Wir waren ja Flüchtlinge, und was uns an Vermögen geblieben war, das waren unsere drei Pferde.

Mein Vater überlegte, wie er seine große Familie ernähren könnte, und pachtete zehn Morgen Land, das er bewirtschaftete. So war wenigstens der Lebensunterhalt gesichert. Aber wir Kinder mussten tüchtig mit anpacken und in der Landwirtschaft helfen. Da wir ja keinen eigenen Maschinenpark besaßen, borgte sich mein Vater von den Bauern Pflug, Egge, Sämaschine und Kartoffelroder. Im Gegenzug halfen wir Kinder den Landwirten beim Rübenhacken, Kartoffellesen, Heumachen und bei sonstigen Arbeiten.

Wenn ich mittags aus der Schule kam, lag ein Zettel auf dem Tisch: „Lotte, komm zum Dachsfeld!" oder „Beeil dich, Kind, und komm zum Höberück". So habe ich nachmittags mehr auf den Feldern gearbeitet als für die Schule. In den Ferien war ich oft den ganzen Tag irgendwo eingesetzt.

Aber diese Herausforderungen haben mich

stark gemacht. Ich zeigte Durchhaltevermögen und entwickelte einen großen Fleiß. Mir fiel unter diesen widrigen Bedingungen das Lernen schwer, aber ich war strebsam und ehrgeizig. Meine Geschwister habe ich bewundert. Sie waren begabter als ich und haben mit Leichtigkeit gelernt, während ich mich mächtig anstrengen musste.

Nun aber würde ich es besser haben. Als Studentin in Marburg gehört alle Zeit der Welt mir. Es lagen keine Zettel neben dem Suppenteller mit der Nachricht: „Lotte, komm aufs Dachsfeld!" Als ich vor dem Haus am Bienenweg stand, überkam mich doch ein Schrecken. Es war ein so schönes, großes Gebäude mitten in einem herrlichen, gepflegten Garten. Würde ich in dieser Villa die Miete überhaupt bezahlen können?

Ein älteres, freundliches Ehepaar öffnete mir die Tür. Herr und Frau Kniese empfingen mich herzlich und luden mich gleich zu einer Tasse Kaffee ein. Als ich zaghaft nach der Höhe der Miete fragte, sollte ich 30 DM monatlich zahlen. Das konnte ich mir noch leisten. Als aber mein Vermieter bemerkte, wie armselig mein Gepäck aussah, meinte

Herr Kniese: „Fräulein Hannemann, 20 DM sind genug."

Es war ein wunderschönes Zimmer, vollständig eingerichtet, in das ich zog. Über dem Bett hing eine kleine Leselampe. Nach elf Jahren elenden Flüchtlingsdaseins würde ich ein eigenes Bett und sogar ein Zimmer haben. Früher hatte ich lange mit meiner Schwester zusammen auf einer Liege geschlafen. Meine Freude kannte keine Grenzen, und ich schrieb gleich einen Brief nach Hause, wie schön ich alles in Marburg angetroffen hatte.

Dieses alte Ehepaar nahm mich wie ihr eigenes Kind in die Familie auf. An den Wochenenden durfte ich immer mit am Mittagstisch sitzen. Frau Kniese kochte absichtlich zu viel und bat mich jedes Mal, mir doch am Montag die Reste aus dem Kühlschrank zu holen. Mir ging es gut, wirklich gut. Gott hatte das beste Zimmer der Welt für mich vorbereitet, so dachte ich und stürzte mich in mein Studium.

# Das Wunder in Vancouver

Unser Sohn ist mit viel Gepäck zum Studium nach Vancouver in Kanada aufgebrochen.

Drei Semester will er an der dortigen Universität Theologie studieren. Auch wenn wir uns von Deutschland aus bemüht hatten, in dieser Millionenstadt eine Bleibe für ihn zu finden, war unsere Suche erfolglos geblieben. Ich hatte aber wenigstens noch erreichen können, dass sich die Sekretärin des Regent College bereit erklärt hatte, Gottfried am Flughafen abzuholen und ihn ein paar Tage in ihrer Wohnung zu beherbergen. Eine Couch diente ihm als Schlafstätte. Wir hatten unserem Sohn aufgetragen, an Professor Bockmühl Grüße auszurichten, den wir von Marburg her kannten und der an der dortigen Universität Dogmatik lehrte.

Es war eine wunderbare Fügung Gottes, dass unser Sohn den Professor schon beim ersten Kirchgang kennenlernte und so die Grüße an ihn loswerden konnte. Wie beiläufig fragte ihn Herr Professor Bockmühl: „Gottfried, haben Sie schon eine Unterkunft?"

Unser Sohn konnte nur antworten: „Bis

jetzt noch nicht. Ich bin noch auf der Suche. Die Wohnungssuche gestaltet sich äußerst schwierig. Meist sind die angebotenen Zimmer für meinen Geldbeutel zu teuer oder zu weit von der Universität entfernt. Ich hoffe aber, dass es nicht mehr allzu lange dauert."

„Gottfried, Sie können bei uns einziehen. Im Souterrain haben wir ein Fremdenzimmer mit Dusche frei. Es wird Ihnen gefallen. Ich lade Sie jetzt zum Mittagessen ein, und anschließend holen wir Ihr Gepäck von meiner Sekretärin ab, wenn Ihnen unsere kleine Wohnung gefällt."

Gottfried wusste nicht, ob er träumte, doch er schien tatsächlich eine Bleibe gefunden zu haben.

Es war ein herrliches Zimmer. Oft lud ihn Frau Bockmühl zum Essen ein. Mit den drei Kindern der Familie freundete er sich an. Außerdem erlaubte ihm der Professor, dass er seine Bibliothek benutzen konnte. Für unseren Sohn wurde die Zeit in Kanada auf jede Weise zu einem Erfolg. Besser hätte er es nicht treffen können.

# Ein guter Freund

Ich stehe am Küchentisch und welle den Teig aus. Heute gibt es bei uns zu Mittag Hühnersuppe, und nach alter, bessarabischer Tradition schmeckt sie am besten, wenn die Nudeln selbst gemacht sind. Von meiner Mutter habe ich gelernt, dass der Teig so dünn ausgerollt werden muss, dass darunter die Tischplatte sichtbar wird. Anschließend schneide ich die Nudeln in ganz schmale Streifen.

Plötzlich entdecke ich auf der Straße einen Traktor mit voll beladenem Anhänger, der auf unser Grundstück zufährt und direkt vor unserer Hofeinfahrt stehen bleibt. Der Fahrer springt ab, öffnet das Tor und kippt den verrotteten Mist auf unser Gartengrundstück.

Wer Hobbygärtner ist, weiß, dass es keinen besseren Dünger als Stallmist gibt. Wer damit sein Land düngt, darf mit einer guten Ernte rechnen. Ich freue mich mächtig über die Fuhre Mist. Lachend stehe ich vor dem Treckerfahrer. Er ist unser Freund.

Vor etwa zehn Jahren hatten wir uns kennengelernt, und seine Situation war beschämend gewesen. Der junge Mann hatte in einem Film gesehen, wie man schnell an das große Geld herankommen kann. Dieser Gedanke ließ ihn nicht mehr los, und so überlegte er bis in seine Träume hinein, wie ihm dies gelingen könnte.

Sein Plan war teuflisch, denn er beschloss, Erpresserbriefe zu schreiben. Zum Glück war es nicht zu einer Entführung gekommen. Aber für fast drei Jahre musste er ins Gefängnis. Mein Mann und ich kannten ihn und besuchten ihn in dieser Zeit, da er in seiner engen Zelle fast wahnsinnig geworden war, regelmäßig. Von der Straße, die ins Zuchthaus führt – es ist die Zwerener Straße in Kassel Wehlheiden –, sagt man, sie sei die längste Straße der Welt, weil viele, die sie betreten hätten, nie mehr zurückgekommen seien.

Klaus Dieter wurde in dieser Zeit, die er hinter Gittern verbringen musste, nicht nur ein Freund für uns, sondern übereignete auch sein Leben Christus.

Nach seiner Haft war es ihm nicht möglich, noch länger in seinem Dorf zu leben, denn er wurde von den übrigen Bewohnern verachtet. Einige spuckten sogar vor ihm aus, wenn sie ihm auf der Straße begegneten, und beschimpften ihn mit unflätigen Worten.

So nahmen wir Klaus Dieter nach Verbüßung seiner Haftstrafe bei uns auf. Es war nicht ganz einfach, eine Arbeit für ihn zu finden. Aber nach etwa zwei Wochen eifrigen Suchens öffnete sich auf einem Gut eine Tür für ihn.

Die Verbindung zu unserem Freund blieb uns erhalten, und seine freie Zeit verbrachte er oft bei uns in der Familie. Mit dieser voll beladenen Fuhre Mist wollte er uns seine Dankbarkeit zeigen. Nichts Besseres hätte er für uns in seiner Situation tun können. Wir gruben den Dung unter, und im Frühjahr grünte und blühte es wunderbar.

Wie oft habe ich mich über das gute Gedeihen auf unseren Beeten gefreut. Im Juli konnte ich zum Beispiel jeden Mittag eine große Schüssel mit Erdbeeren pflücken. Drei Wochen lang standen gezuckerte Erdbeerspeisen auf dem Tisch, außerdem gab es reichlich Zwiebeln, Bohnen, Gurken, Erbsen und Tomaten. Der Erntesegen war so reichlich, dass wir noch unsere Freunde damit beglücken konnten. Auch wenn ich mir dessen bewusst bin, dass eine hervorragende Ernte ein Geschenk Gottes ist, so weiß ich auch, dass eine gründliche Bearbeitung des Bodens nötig ist, und dazu gehört eine kräftige Düngung.

Es gibt wohl kaum ein Erntedankfest, an dem nicht das Lied von Matthias Claudius gesungen wird. Ich habe es schon auf der Schulbank auswendig gelernt.

*„Wir pflügen und wir streuen*
*den Samen auf das Land,*
*doch Wachstum und Gedeihen*
*steht in des Himmels Hand:*
*der tut mit leisem Wehen*
*sich mild und heimlich auf*
*und träuft, wenn heim wir gehen,*
*Wuchs und Gedeihen drauf.*

*Refrain:*
*Alle gute Gabe kommt her von Gott dem Herrn,*
*drum dankt ihm, dankt, drum dankt ihm,*
*dankt*
*und hofft auf ihn!*

*Er sendet Tau und Regen*
*und Sonn- und Mondenschein,*
*und wickelt seinen Segen*

*gar zart und künstlich ein*
*und bringt ihn dann behende*
*in unser Feld und Brot:*
*es geht durch unsre Hände,*
*kommt aber her von Gott.*

*Was nah ist und was ferne,*
*von Gott kommt alles her,*
*der Strohhalm und die Sterne,*
*das Sandkorn und das Meer.*
*Von ihm sind Büsch und Blätter*
*und Korn und Obst von ihm,*
*das schöne Frühlingswetter*
*und Schnee und Ungestüm.*

*Er lässt die Sonn aufgehen,*
*er stellt des Mondes Lauf;*
*er lässt die Winde wehen*
*und tut den Himmel auf.*
*Er schenkt uns so viel Freude,*
*er macht uns frisch und rot;*
*er gibt den Kühen die Weide*
*und unsern Kindern Brot.“*

# Wir sind wertgeachtet

Heute habe ich in meiner stillen Zeit über der Bibel eine Geschichte gelesen, die mich vor Freude strahlen ließ, obwohl draußen ein trüber, regnerischer Tag war. Die Sonne hatte sich hinter düsteren Wolken verzogen. Von Lea handeln die Verse aus 1. Mose 29,31-35. Sie war eine junge Frau, die im Schatten ihrer Schwester lebte, so wird uns berichtet. Es hat mich schockiert, dass von ihr in der Lutherbibel gesagt wird, sie habe ein blödes Gesicht gehabt. Während Rahel umschwärmt war und mit Komplimenten überschüttet wurde, stand Lea neben ihrer jüngeren Schwester und musste zusehen, wie das Glück an ihr vorüberging. Sie war die Ältere und hatte schon länger darauf gehofft, geliebt und begehrt zu werden. Aber es war Rahel, die Jakob zur Frau erwählt hatte und für die er bereit war, sieben Jahre im Dienst ihres Vaters zu verbringen.

Rahel war charmant, bildhübsch und attraktiv, und Jakob war so begeistert und in sie verliebt, dass ihm diese Jahre vorkamen, als wären es einzelne Tage. Das musste Lea sehr bekümmern, und sie fühlte sich von ihrer schönen Schwester in den Schatten gestellt. Wie verwundbar wurde sie dadurch. Sicher wird sie manche Tränen vergossen haben und enttäuscht gewesen sein.

Es wäre ein elendes Dasein für diese junge Frau geworden, hätte Gott nicht ihren Kummer gesehen und sich ihrer herzlich angenommen. Kann es eigentlich ein freudenreicheres Ereignis geben als die Tatsache, die uns mit nur wenigen Worten erzählt wird? „Da aber der Herr sah, dass Lea unwert geachtet wurde, machte er sie fruchtbar." Schönheit und Attraktivität waren ihr versagt, aber sie empfing einen viel tieferen und beeindruckenderen Wert. Ihr war es gegeben, vier Söhnen das Leben zu schenken. Ihre Dankbarkeit über die glücklichen Geburten drückte sie durch die Namen aus, die sie ihren Kindern gab.

Ruben bedeutet: Der Herr hat mein Elend angesehen.

Simeon heißt: Der Herr hat mich erhört.

Mit Levi verbindet sie eine hohe Erwartung: Nun wird mein Mann mir doch zugetan sein, denn ich habe ihm drei Söhne geboren.

Mit dem Namen Juda wollte Lea ihre Dankbarkeit ausdrücken, denn Gott hatte ihr noch einen Sohn anvertraut.

Darin zeigt sich die Größe Gottes, dass er das Unwerte ansieht und es mit herrlichen Gaben beglückt. Mich jedenfalls hat diese Tatsache sehr erfreut.

Ich bin mit noch drei Schwestern aufgewachsen, die mich, was Schönheit betraf, bei Weitem überragten. Hinzu kam, dass meinen Geschwistern das Lernen ausgesprochen leichtfiel. Ich hingegen musste mich in der Schule oft sehr plagen und brauchte meist die doppelte Zeit, bis ich ein Gedicht auswendig gelernt hatte. Auch in den naturwissenschaftlichen Fächern zeigten sich Defizite. So gewann ich den Eindruck, ich stünde im Schatten meiner Schwestern. Ein lustiges Beispiel soll dies deutlich machen:

Lilli, das Nesthäkchen der Familie, wohnte als Medizinstudentin bei uns in Marburg. Sie war charmant, hübsch und groß gewachsen. So blieb es uns nicht verborgen, dass sie umschwärmt wurde. An ihrem Fenster fanden sich oft kleine Liebesbriefe oder Geschenke. Eines Morgens klingelte es an unserer Wohnung. Unser Siebenjähriger eilte schnell zur Tür. „Gottfried, wer ist denn gekommen?", fragte ich ihn. Prompt kam die Antwort aus seinem Mund: „Mutti, wieder so ein Schwager!"

Ich musste lachen. Zugleich dachte ich: Unser Sohn hat recht. Lilli ist wirklich sehr hübsch und begehrt dazu. Noch während ihrer Studienzeit fand sie ihren Lebenspartner und ist glücklich verheiratet. Sie hat es neben ihrer großen Familie mit sechs Kindern geschafft, ihren Facharzt in Psychiatrie zu machen, und darf auch einen Doktortitel tragen.

Manchmal dachte ich: Mir geht es so wie Lea. Meine Wahrnehmung sagte mir, dass ich nicht mit so viel Schönheit und Klugheit ausgestattet sei. Und doch bin ich in Gottes Augen wertgeachtet. Er hat mich mit anderen Gaben bedacht. Durchhaltevermögen und eine gewisse Zähigkeit helfen mir, meine Aufgaben zum Ziel zu bringen.

Dankbar bin ich auch für meine fünf Kinder. So darf ich heute Mutter einer großen Familie sein. Dreizehn Enkel machen mich glücklich, und dabei ist das Ende der Fahnenstange wahrscheinlich noch nicht erreicht. Wenn wir unsere Feste wie Weihnachten, Geburtstage oder Jubiläen feiern, dann sitzen 27

Personen um den gedeckten Tisch. Jeden Tag nehme ich mir eine Auszeit, um all die Namen und Anliegen meiner Lieben vor Gott zu bringen. Ob es sich da um Sissy, das kranke Meerschweinchen, handelt, das an Blasensteinen operiert werden musste, oder um eine Doktorarbeit, die bis zu einem bestimmten Zeitpunkt fertiggestellt werden sollte, ob es sich um einen Arbeitsplatz handelt, der sich als große Hürde herausstellte, oder um die Flugreise nach Brasilien, wo unsere Enkeltochter in der Mission arbeitet, Anliegen um Anliegen darf ich im Gebet vor Gott bringen. Gerade die alltäglichen kleinen Probleme bedürfen meiner Fürbitte: ein Diktat schreiben, das Einmaleins lernen oder ein Referat über Bonhoeffer erarbeiten; aber auch der Liebeskummer der Enkel oder die Angst vor Prüfungen oder der verstauchte Fuß.

So ist mein Leben von Gott reich gemacht worden, auch wenn mir manche Gaben versagt blieben. Es kommt einzig und allein darauf an, dass Gott mich sieht und ich in seinen Augen wertgeachtet bin. Zudem will er mich einsetzen, in der Familie und in meinem weiteren Lebenskreis sein Reich zu bauen. So ist jeder Tag, den ich erleben darf, ein großes Geschenk. Erwartungsvoll schaue ich ihm entgegen. Unter göttlichem Zuspruch lässt es sich wunderbar leben. Tapfer kann ich leidvolle Tage durchstehen und von der Hoffnung erfüllt sein: Das Schönste kommt noch.

# Weihnachtsgrüße

Zu Weihnachten wollte ich besonders Menschen mit meinen Grüßen erfreuen, die einsam, krank oder gefangen sind. Dazu ermutigte mich das Wort der Bibel aus Matthäus 25,34-40, in dem uns Jesus das Gericht am Ende unserer Tage ankündigt:

„Da wird dann der König sagen zu denen zu seiner Rechten: Kommt her, ihr Gesegneten meines Vaters, ererbet das Reich, das euch bereitet ist von Anbeginn der Welt! Denn ich bin hungrig gewesen, und ihr habt mich gespeist. Ich bin durstig gewesen, und ihr habt mich getränkt. Ich bin ein Gast gewesen, und ihr habt mich beherbergt. Ich bin nackt gewesen, und ihr habt mich bekleidet. Ich bin krank gewesen, und ihr habt mich besucht. Ich bin gefangen gewesen, und ihr seid zu mir gekommen.

Dann werden ihm die Gerechten antworten und ihm sagen: Herr, wann haben wir dich hungrig gesehen und haben dich gespeist? Oder durstig und haben dich getränkt? Wann haben wir dich als einen Gast gesehen und dich beherbergt? Oder nackt und haben dich bekleidet? Wann haben wir dich krank oder gefangen gesehen und sind zu dir gekommen?

Und der König wird antworten und sagen zu ihnen: Wahrlich ich sage euch: Was ihr getan habt einem unter diesen meinen geringsten Brüdern, das habt ihr mir getan."

In diesem Abschnitt geht es um den Lohn, den Jesus den Jüngern zuspricht, die seinem Auftrag gemäß leben wollen.

Der letzte Vers dieses Bibelabschnitts ist mein Konfirmationsspruch. Ob der Pfarrer wohl geahnt hat, welch hohen Auftrag er mir mit diesem Bibelwort auf die Schultern gelegt hat? Damals im Jahr 1949 bei meiner Konfirmation habe ich mich über diesen Spruch mächtig geärgert. Mit geringen Brüdern wollte ich nichts zu tun haben. Aber im Laufe meiner Jahre habe ich mehr und mehr begriffen, welch hohes Vorrecht es bedeutet, den „geringen Brüdern" wohlzutun und gerade ihnen diese frohe Botschaft von Jesu Rettungstat auszurichten.

So schickte ich ein Bücherpaket an eine alte Dame im Seniorenstift. Wie einsam sich gerade hier die Menschen fühlen, die keine Angehörigen und noch nicht einmal Freunde um sich haben, muss ich nicht besonders hervorheben. So schrieb ich die lieben Grüße, und mein Mann packte das Bücherpaket. In meinen Gedanken stellte ich mir vor, wie sich Frau Lengemann freuen würde, wenn sie den unerwarteten Weihnachtsgruß erhielt. Groß würden ihre Augen sein, und das machte mich glücklich.

Als ich der alten Dame vor etwa 26 Jahren begegnete, war sie verzweifelt. Eigentlich hatte ich die Freizeittage schon abgeschlossen und meinen Koffer gepackt. Am nächsten Morgen wollte ich heimfahren. Da wurde ich noch einmal gerufen, ich möchte doch bitte ins Zimmer 121 kommen. Dort wolle mich jemand sprechen. Wie ein Häufchen Elend saß Frau Lengemann auf ihrem Bett. „Ich will doch auch zu Jesus kommen, aber meine Schuld ist zu groß."

Ja, es stimmte schon, in ihren über 60 Jahren lagen viele Versäumnisse und handfeste Vergehen. Aber das Wort ist doch wahr: „Wo die Sünde mächtig geworden ist, da ist Gottes Gnade noch viel mächtiger" (Römer 5,20). In diesem langen Nachtgespräch begriff Frau Lengemann Gottes teure Gnade. Kein Mensch muss wegen seiner Schuld verloren gehen. Das hat uns Christus zugesagt. Sein Sühnetod rettet jeden, der zu ihm kommt.

Was hat Jesus dem Mann an seiner Seite zugerufen, der mit ihm auf Golgatha am Kreuz hing und wegen eines Verbrechens zum Tode verurteilt worden war? „Heute noch wirst du mit mir im Paradiese sein."

Uns zur tiefen Freude ist diese Kreuzigungsgeschichte geschrieben, damit jeder Mut fassen kann. Keine Schuld ist so schwer und bedrückend, dass sie uns nicht verziehen werden könnte. Wie eng fühle ich mich mit der alten Dame verbunden. Wir knieten damals nieder, und gemeinsam riefen wir den Namen Jesu an.

Viele Jahre sind seit dieser Bekehrung in nächtlicher Stunde ins Land gegangen. Mit Frau Lengemann blieb ich verbunden. Jedes Jahr hat sie an einer Freizeit teilgenommen, die ich gehalten habe, ob es im Allgäu war oder an der Ostsee. Nun reichen ihre Kräfte für solche Unternehmungen schon lange nicht mehr, und sie verbringt ihre letzten Jahre im Stübchen in einer Seniorenwohnanlage. Aber mit dem Bücherpaket wollte ich ihr frohe Lesestunden bereiten und sie glücklich machen. Bei diesem Gedanken wurde mir das

Herz warm und weit zugleich, und meine „geringe Schwester" kam mir ganz nah.

Den nächsten Brief schrieb ich an einen fünfzehnjährigen Teenager. Seinen Vater hat er nie kennengelernt, und seine Mutter muss immer wieder einmal in die psychiatrische Klinik zur Behandlung. Ich litt mit Torsten, denn schon wieder musste er Weihnachten bei einer Pflegefamilie verbringen. Torsten ist gesund herangewachsen, ein schöner junger Mensch und hochbegabt. Bücher verschlingt er regelrecht. Für ihn hatte ich ein neues Buch über Dietrich Bonhoeffer ausgesucht. Er würde es sicher mit Begeisterung lesen. Für seine Mutter in der Klinik legte ich ein Weihnachtsbuch bei. Auch sie sollte nicht vergessen werden.

Weihnachten ist ja für uns Christen das große Glückserlebnis. Mit der Geburt Jesu ist die Zeit des Heils für uns angebrochen. Klein und ganz gering fing unser Glück an, und keiner von den nächtlichen Besuchern im Stall hätte das Ausmaß des Heils damals ermessen können. Und doch wurde es wahr: „Euch ist heute der Heiland geboren, welcher ist Christus, der Herr."

Ich selbst empfand an Weihnachten stille

Augenblicke des Glücks. Ich betrachtete das Kind in der Krippe und dankte Gott mit Lob und Preis für seine große Güte.

# Überraschende Geschenke

Etwas müde und abgekämpft kam ich vor Weihnachten von einer Adventsfreizeit auf dem Schönblick in Schwäbisch Gmünd heim. Dort hatte ich die herrliche Botschaft von der Liebe Gottes ausrichten dürfen. Wie reich ist mein Leben in der Begegnung mit Jesus geworden. Es drängt mich geradezu, Menschen diese Heilsbotschaft kundzutun.

Nun war ich wieder in meinen vier Wänden. Ich war überrascht über die vielen Briefe, die mich als Weihnachtsgrüße erreicht hatten. Ein ganzer Stoß lag auf dem Schreibtisch.

Eine Karte war mir besonders bedeutsam. Aus einer Gärtnerei durfte ich mir zu Weihnachten einen Blumengruß abholen. Als ich nach dem Spender fragte, war ich zutiefst erfreut. Regina Glöckner aus Waldenburg hatte mir diesen Blumengruß zugedacht. Sie ist eine wunderbare Frau. Ich weiß nicht, wie lange sie schon im Rollstuhl sitzt. Auch ihr Sprachvermögen ist stark beeinträchtigt. Eine Kopfoperation, die in einer Spezialklink im

Ausland durchgeführt wurde, hat wohl diese Schädigung verursacht.

Ich war Regina auf einer Freizeit in Reudnitz in Thüringen begegnet. Diese Christin hat mich tief beeindruckt. Oft habe ich mich zu ihr gesetzt, ihre Hand gehalten und habe versucht ihr zuzuhören. Immer besser konnte ich ihre Worte verstehen. Ihr Glaubensmut wirkte ansteckend, und bei unseren Gebetsversammlungen am Morgen fehlte sie nie. Sie brachte den Mut auf, laut zu beten und die Anliegen des Reiches Gottes darzubringen. Ich habe dann ihre Gebete zum Verständnis der anderen Teilnehmer mit meinen Worten wiederholt, damit auch die Freizeitgäste besser an ihrem Einsatz im Reich Gottes teilnehmen konnten.

Regina hat ein so schönes, strahlendes Gesicht und ist intelligent. Gleich am zweiten Tag kam sie an den Büchertisch und hat sich wohl mehr als zehn Bücher ausgesucht. Sie verriet mir: „Lesen ist meine Welt. Wie viele kostbare Stunden wurden mir dadurch schon geschenkt. Ich wäre wirklich arm dran, wenn ich nicht durch das Lesen guter christlicher Bücher das Göttliche in mich aufnehmen könnte. So darf ich in meinen vielen einsamen Stunden an der erhabenen Welt Gottes teilhaben. Frau Bormuth, ich glaube, ich kenne fast alle Ihre Bücher. Sie haben mir gerade in den anfechtungsreichen Tagen Trost und Hoffnung gespendet. Die Bücher kann ich dann auch an andere weitergeben und so meinen missionarischen Eifer einbringen."

Regina ist mir eine gute Freundin. Ihr Christsein hat eine wunderbare Ausstrahlung. Verständnisvoll wird sie von ihrem Mann betreut. Beeindruckend ist ihre glückliche Ehe. Die Liebe Christi ist das Band, das sie eng miteinander verbindet. Im Gebet bringe ich dieses Ehepaar immer wieder vor Gott.

Nun hatte ich in der Adventszeit Regina ein kleines Päckchen mit Kassetten und CDs geschickt. Sie sollten ein Zeichen für meine Liebe sein und sie in ihrem Alltag ermutigen.

Vor allen Dingen in den Liedern von Paul Gerhardt liegt so viel Trost und Hoffnung auf Gottes wunderbare neue Welt. Der Liederdichter hat ja selbst viel Leid erfahren, und seine Verse sind aus der Tiefe der Anfechtung heraus verfasst. Von seinen fünf Kindern hat ihn nur ein Sohn überlebt. Die anderen vier wurden früh vom Tod hinweggerafft. Auch von seiner jungen Frau hat er allzu früh Abschied nehmen müssen.

Als er wieder einmal von einer Beerdigung vom Friedhof nach Hause kam und sein Herz vor Gram und Schmerz fast zerspringen wollte, tröstete ihn Gott mit dem Ausblick auf die Herrlichkeit in seiner neuen Welt. So konnte Paul Gerhardt sagen: „Eigentlich ist es nicht so wichtig, wer zuerst im Himmelreich ankommt. Die Hauptsache ist doch, dass wir alle das Ziel erreichen und ewig bei Gott sind."

Ich selbst empfange durch die Lieder von Paul Gerhardt viel Hoffnung und Ermutigung. Aus diesem Grunde habe ich Regina diese Lieder zukommen lassen. Nun kann sie in ihrem Rollstuhl göttliche Musik hören, und der Gedanke daran macht auch mich glücklich. Dass Regina mir aber zu Weihnachten einen herrlichen Blumenstrauß zukommen ließ, bewegte mich. Welch eine Strahlkraft der Liebe geht von dieser Frau aus. „Regina, du bist ein großer Segen. Ich danke dir dafür."

# Wo ist Stress?

Zu einer meiner Adventsfreizeiten kamen abends noch zwei jüngere Frauen aus der Umgebung. Sie zeigten großes Interesse an meinen Vorträgen. Nachdem alle anderen Teilnehmer den Saal verlassen hatten, saß ich mit den beiden Frauen zusammen, und wir sprachen über die Freuden und Nöte unseres Glaubens. Plötzlich fragte mich Frau Kopp: „Frau Bormuth, dürften wir Sie einmal zu einem Frauenfrühstück in unsere Gemeinde einladen?"

„Aber gern, ich bin noch viel unterwegs, und es macht mir Freude, den Frauen die herrliche Botschaft von Jesus nahezubringen."

„Frau Bormuth, könnten Sie sich vorstellen, noch in dieser Woche zu uns zu kommen?" Ich war überrascht, sagte aber zu, da mich mein Mann zu der Adventsfreizeit begleitete und er den Verkündigungsdienst an einem der Vormittage für mich übernehmen konnte. Natürlich war ich auch skeptisch. War es überhaupt möglich, so schnell ein Frauenfrühstück zu organisieren? Die beiden Christinnen wollten mit ihren Mitarbeiterinnen noch am Abend darüber reden.

Am nächsten Morgen erschien Frau Kopp schon gegen acht Uhr bei mir. „Frau Bormuth, Sie kommen doch morgen früh. Wir haben schon alles in die Wege geleitet. Gewiss, eine Frau hatte Einwände, ob denn unsere Planung möglich sei, und fragte: ‚Warum so viel Stress kurz vor Weihnachten?' Wir haben nur geantwortet: „Wo siehst du Stress? Wir sehen keinen Stress. Wir telefonieren, und es werden viele kommen. Die Gelegenheit ist günstig. Dass wir noch vor Weihnachten eine berühmte Schriftstellerin in unsere Gemeinde einladen dürfen, ist doch eine besondere Zugabe von Gott für unseren Frauenkreis. Alle werden mithelfen, und dann werden wir frei von Stress dieses Frauenfrühstück genießen.'"

Ich musste denken: Das sind tapfere, mutige Frauen. Ihnen liegt die Verkündigung des Evangeliums am Herzen. Schon am nächsten Tag wurde ich in aller Frühe nach Böbingen abgeholt. Es war zum Staunen. Der Saal war herrlich mit Tannengrün und Kerzen geschmückt. An jedem Platz lag auf einer roten Serviette ein Lebkuchenstern. Wer hatte den wohl spendiert? Er war hausgebacken und schmeckte herrlich. Dann trudelten so nach und nach die Frauen ein. Es waren mehr die Jüngeren aus der Gemeinde. Einige schoben einen Kinderwagen vor sich her. Die Kleinsten, die noch nicht in den Kindergarten oder in die Schule gingen, durften mitgebracht werden.

Der Reichtum dieser Gemeinde waren die wunderschönen Kinder, das wurde mir bewusst. Auch einige schwangere Frauen waren gekommen. Während ich sie alle begrüßte, lachte ich ihnen zu: „Diese kleine Sorte dürfen Sie sich nicht ausgehen lassen." Die Frauen schmunzelten. Danach ließen wir uns das herrliche Frühstück schmecken. Es gab mehrere Sorten selbst gemachte Marmelade und Brot, dann noch Eier, Wurst, Schinken und Käse.

Aufmerksam hörten dann die Gäste nach dem Essen meiner Botschaft zu. Das Thema lautete: „Loslassen und gewinnen". Eine Teilnehmerin sagte mir: „Sie haben mit diesem Thema bei mir den Nagel auf den Kopf getroffen. An der Stelle muss ich noch viel lernen." Und Natascha fügte an: „Ich doch auch. Ich muss nämlich begreifen, dass ich meine heranwachsenden Kinder loslassen muss, wenn sie in einer anderen Stadt die Universität besuchen. Noch schwerer fällt es mir, die Freunde meiner Töchter zu akzeptieren."

Die Zeit des Vortrags verrann wie im Nu. Anschließend wurde der Büchertisch gestürmt. Diese Christinnen kauften nicht ein Buch, sondern gleich drei, vier oder fünf. Sie baten mich auch, ihnen ein Segenswort als Widmung in die Bücher zu schreiben. So saß ich und schrieb „für Irina", „für Anna", „für Woldemar", „für Jonas" und „für Emanuel". Ich bin dankbar, dass uns die Bibel mit so vielen mutmachenden Sprüchen beglückt. Etwa hundert an der Zahl kenne ich auswendig. Ich habe sie noch in meiner Konfirmandenzeit gelernt und in meinem Herzen gut aufbewahrt. Das war dann auch sehr wichtig, damit ich jeden individuell beglücken konnte. Mit diesen Versen wollte ich den Frauen Worte des Ewigen zusprechen. Es gibt nichts Größeres, als dass wir Gottes Reden vernehmen und sich sein Zuspruch in uns verfestigt. Einige Frauen drückten mir dankbar die Hand. „Genau so eine Ermutigung brauche ich", sagte mir Maria.

Dieser Vormittag beglückte mich zutiefst. Spontan wurde das Frauenfrühstück anberaumt und über dreißig Teilnehmerinnen waren gekommen. Sicher war die Mühe der Mitarbeiterinnen doch nicht ganz stressfrei gewesen, aber voller Einsatzbereitschaft und herzlicher Liebe.

# Peinlich, peinlich!

Eine lange Liste mit Namen lag vor mir, die ich alle zu Weihnachten mit Grüßen bedenken wollte. Meist packte mein Mann noch ein Buch dazu. An meine Verwandten in Süddeutschland hatte ich sogar eine große Büchersendung zusammengestellt und einen Rundbrief über unser Ergehen hineingelegt. Mein Vetter sollte dann diese Bücher an die einzelnen Cousinen und Cousins verteilen.

Am gleichen Tag schrieb ich noch einen längeren Brief an einen jungen Mann, der in einer Justizvollzugsanstalt einsaß, und bedachte ihn mit dem wunderbaren Buch von Stephen Lungu mit dem Titel „Der aus dem Schatten trat – vom Bombenleger zum Missionar". Es ist ein Bestseller.

Mit Bedacht hatte ich gerade dieses Buch für Christian (sein Name ist geändert) ausgesucht; denn ich war über seine Entwicklung in großer Sorge. Er neigte zu Aggressionen, und der Alkohol hatte mit dazu beigetragen, dass es zu einer scheußlichen Tat kam. Er beging eine räuberische Erpressung. Einige Jahre zuvor war er schon einmal straffällig geworden, aber seine Verurteilung war zur Bewährung ausgesetzt worden. Nun musste er durch seine erneute Straftat für längere Zeit hinter Gitter. Ich hatte mich sehr um diesen jungen Mann gemüht, hatte ihn zu Gottesdiensten eingeladen und ihm auch ein Dach über dem Kopf besorgt. Viel Hoffnung hatte ich für ihn gehegt und auch manches Gespräch über den Glauben an Christus mit ihm geführt. Natürlich war ich tief betroffen und weinte Tränen um ihn, als ihn die Polizei bei uns abholte.

Von seinem Freund wusste ich, dass Christian mich wie eine Mutter ansah und viel Gutes über mich erzählte. Er selbst war ohne Eltern aufgewachsen. Aber nun, da er seine Zeit im Gefängnis zubringen musste, betete ich noch intensiver für ihn. Ich wollte daran festhalten: Gott kann Christian mit seiner Botschaft erreichen und ihm neues Leben in Jesus schenken. So waren auch meine Weihnachtsgrüße herzlich und ermutigend. Ich schrieb ihm: „Steh wieder auf, auch wenn Dein Fall schmerzlich ist. Jesus will Dich auf seiner neuen Spur haben. Deine Schuld will er Dir vergeben. In der Zeit, wenn Du in der Zelle sitzen musst, will ich Dich mit meinen

Gebeten umgeben. Wie schön war es noch am vergangenen Weihnachtsfest, als wir gemeinsam die Geburt Christi gefeiert haben. Ich hoffe nur, dass Du bald wieder unser Gast bist. Mit diesem Buch möchte ich Dir frohe Lesestunden bereiten. Herzliche Weihnachtsgrüße, Deine Frau Bormuth."

Aber dann geschah etwas Unvorhergesehenes. Die Adressaufkleber für die zwei Weihnachtspakete wurden vertauscht, und so landete das Paket für den Häftling bei meinem Vetter und die vielen Buchpräsente für meine Cousinen und Cousins in der Justizvollzugsanstalt.

Peinlich! Peinlich! Was wird wohl mein Vetter gedacht haben, als er von dem schweren Fall und der Ermutigung las, dass er wieder auf die rechte Spur kommen soll? Ich hätte ja von diesem makabren Versehen gar nichts gemerkt, wenn ich nicht von der Justizvollzugsanstalt Post bekommen hätte. So schrieb mir der Gefängnisgeistliche, über den ich ja mein Bücherpaket und den Brief an Christian geschickt hatte:

„Sehr geehrte Frau Bormuth, herzlichen Dank für die Büchersendung an die JVA. Die Gefangenen fragen mich immer wieder nach

solch erbaulichen, interessanten Büchern, und so kann ich ihnen Bücher aus Ihrer Feder ausleihen. Bei der Sendung lag ein Anschreiben, das wohl einem anderen Empfänger zugedacht war. Ich schicke es wieder an Sie zurück. Ich wünsche Ihnen ein gesegnetes Weihnachtsfest und grüße Sie herzlich,
Ihr Andreas Leipold."

Zunächst war ich verärgert, dass mir dieses Missgeschick passiert war, aber dann habe ich doch gedacht: Lotte, vielleicht war dieses Versehen auch von Gott gewollt. Gerade zu Weihnachten ist es für die Gefangenen schwer, die Festzeit zu überstehen. Sie werden früher als sonst in ihre Zellen eingeschlossen, weil das Personal der Justizvollzugsanstalt auch mit seinen Familien Weihnachten feiern will. Wie einsam, öde und lang sind dann die Festtage. Nur gut, dass ein großes Bücherpaket mit dazu beitragen kann, die langweiligen Stunden zu verkürzen und die Botschaft von Jesus Christus in die Herzen hineinzusagen. Meine Gebete werden auch die Gefangenen umschließen.

Auf der Rückseite der Karte, die mir der Pfarrer geschickt hatte, stand noch ein wunderbarer keltischer Segensspruch:

*May the road rise up to meet you.*
*May the wind be always at your back.*
*May the sun shine warm upon your face.*
*May the rain fall soft upon your field,*
*and until we meet again,*
*may God hold you in the palm of his hand.*

*Möge mich mein Weg zu dir führen.*
*Möge der Wind dir immer im Rücken sein.*
*Möge die Sonne warm auf dein Gesicht*
*scheinen.*
*Möge der Regen sanft auf dein Feld*
*niedergehen,*
*und bis wir uns wieder begegnen,*
*möge Gott dich in seiner Hand halten.*

# Noch mehr aus dem Leben von Lotte Bormuth

**Und doch lacht mir die Sonne**
ISBN 978-3-86122-733-5
144 Seiten, gebunden

Gewinnen Sie Einblick in das bewegte Leben einer Schriftstellerin, deren Bücher die Gesamtauflage von 500.000 Exemplaren überschritten haben. In diesem Buch spannt sich der Bogen von Bessarabien, dem heutigen Moldawien, wo die Autorin aufwuchs, über die dramatische Flucht im Krieg bis hin zu einem Neuanfang und schließlich ihrer Eheschließung im Westen Deutschlands.

**Meines Lebens bunte Blätter**
ISBN 978-3-86122-734-2
208 Seiten, gebunden

Der zweite Teil von Lotte Bormuths Erinnerungen setzt ein mit der Geburt ihres ersten Kindes in den fünfziger Jahren. Sie lässt uns teilhaben an den wichtigen und heiteren, aber auch den schweren Ereignissen ihres bewegten Lebens. Hautnah vermittelt sie uns das Lebensgefühl eines Volkes zwischen Wiederaufbau, Wirtschaftswunder und Wiedervereinigung.

**Wie ein bunter Blumenstrauß**
ISBN 978-3-86122-849-3
208 Seiten, gebunden

Bunt wie ein Blumenstrauß sind die Erlebnisse, die Lotte Bormuth in ihrer bewegten Zeit als Mutter, Großmutter und Vortragsreisende gesammelt hat. Sie lässt den Leser teilhaben an schönen Begebenheiten, die sie in ihrem Glauben stärkten, und an schweren Tagen, die letztlich ihr Vertrauen auf Gott vertieften. Neue Geschichten – mal heiter, mal ernst.